Schlank werden
»so geht's«

TRENN KOST

KH

Kohlenhydrathaltige Lebensmittel

Hier denkt man direkt ans Schlemmen! Schon beim Gedanken an die meisten Lebensmittel aus dieser Kategorie läuft einem das Wasser im Mund zusammen. Kartoffeln, Reis, Nudeln, Couscous, Amaranth, Hirse, Müsli, Mehl, Knäckebrot, Brot, Brötchen und alle Getreideprodukte, frische Datteln, frische Feigen, mürbe Äpfel, Bananen, Trockenobst wie z. B. Aprikosen, Pflaumen, Datteln, Feigen, Bananenchips ohne Zucker, Honig, Ahornsirup, Agavendicksaft, Obstdicksaft, Bier, Malzbier.

E

Eiweißhaltige Lebensmittel

Bei dieser Gruppe geraten vor allem Fans von tierischen Produkten ins Schwärmen. Aber auch Obstliebhaber. Gegartes Fleisch, gegarter Fisch und Meeresfrüchte, Eier, Milch, Käse aus pasteurisierter Milch, Käse bis 60 % Fett i.Tr., Obst mit Fruchtsäure, z. B. Ananas, saftige Äpfel, Birnen, Erdbeeren, Himbeeren, Kiwis, Mango, Orangen, Pfirsiche, Zwetschgen, gekochte Tomaten, frisch gepresste Obstsäfte, Wein und Sekt.

N

Neutrale Lebensmittel

Grünzeug, Nüsse, Sprossen und Co. – so weit das Auge reicht. Gemüse, Salate, Melonen, Heidelbeeren, rohe Tomaten, gesäuerte Milchprodukte, Frischkäse, Sauermilch- und Rohmilchkäse, Sahne, Eigelb, Soja, Rosinen, Nüsse (außer Erdnüssen), Kokosflocken, Samen, Sprossen, Keimlinge, Kräuter, Pilze, Gewürze, Obstessig, rohes Fleisch, roher Fisch, Räucherfisch, Öle, Fette, Butter, klarer Schnaps, Wacholderbranntwein.

Ursula Summ

ist Bestseller-Autorin und bekannt durch ihre zahlreichen Trennkost-Bücher. Schwer übergewichtig und krank, entdeckte sie nach vielen vergeblichen Diätversuchen 1978 die Hay'sche Trennkost für sich selbst. Zum ersten Mal fand sie wirklich Hilfe und begann, diese Ernährung weiterzuentwickeln und ihre Erfahrungen anderen Menschen mitzugeben.
Sie erreichen die Autorin unter
www.trennkost.de oder
www.abnehm-portal.com

TRENN KOST

Ursula Summ

Trennkost. Das leicht und lecker Kochbuch

TRIAS

Leichte Kost leicht gekocht

Special

Raffinierte Rezeptideen

Register

Liebe Leserinnen, liebe Leser!

So leicht, so lecker und dazu auch noch so vielseitig. Ob Fleischgerichte, Eierspeisen, Pasta oder Eintopf – diese Trennkost-Gerichte werden Sie immer wieder gerne kochen, da sie in ganz kurzer Zeit zubereitet sind.

Entdecken Sie »Neues Kochen« mit Trennkost – für sich und Ihre Familie

Sie stehen nicht lange am Herd, zaubern aber trotzdem schmackhafte und vollwertige Mahlzeiten. Die Gerichte sind in zweierlei Hinsicht leicht: Sie sind nämlich auch gut bekömmlich, liegen nicht schwer im Magen, Sie fühlen sich energiegeladen und wohl. Wenn Sie abnehmen möchten, wird Ihnen das Prinzip der Trennkost ebenso gefallen, denn Sie müssen dabei weder hungern noch Kalorien zählen. Die Speisen werden lediglich harmonisch aufeinander abgestimmt, damit der Verdauungsprozess nicht behindert wird. Zudem wirken Trennkost-Mahlzeiten stabilisierend auf den Blutzuckerspiegel und tragen zu einer geringeren Insulinproduktion bei.

Spätestens jetzt wird klar: Bewusstes Essen in der richtigen Kombination ist der Schlüssel zu einem leichteren Leben. Und egal, ob Sie Fleischesser oder Vegetarier sind: Die Trennkost bietet Ihnen vielfältige Ideen für jeden Geschmack und ist auch für die Menschen ideal, die es immer eilig haben oder viel unterwegs sind. Die Möglichkeiten sind grenzenlos und die Rezepte werden Sie deshalb begeistern, weil sie ruckzuck gemacht sind und sich viele davon zum Mitnehmen eignen.

Natürlich spielen Genuss und Geschmack bei mir immer eine zentrale Rolle, denn schließlich bin ich stark daran interessiert, dass Ihnen mein Konzept gut bekommt und zudem auch gefällt.

Ich wünsche Ihnen viel Spaß bei der Entdeckung einer neuen Lebensqualität.

Herzlichst, Ihre Ursula Summ

Mein perfektes Dinner

Vorspeise

Gefüllte Zucchiniröllchen

N

Für 2 Portionen ► gut vorzubereiten
20 Min. + 20 Min. zum Marinieren

1 große Zucchini › 1–2 EL Obstessig › 1 EL Olivenöl › Pfeffer › Meersalz › 1 Tomate › 6 Scheiben roher Rinderschinken › 1 kleines Bund Basilikum › 6 EL Frischkäse

Zucchini waschen, mit dem Gemüsehobel der Länge nach 6 dünne Scheiben abschneiden, mit Essig, Öl, Pfeffer und Salz etwa 20 Min. lang marinieren. Tomate waschen, vierteln, entkernen und fein würfeln. Schinken in kleine Stückchen schneiden. Basilikum grob hacken, dabei einige Blättchen beiseitelegen. Tomaten, Schinken und Basilikum mit Frischkäse mischen, mit Pfeffer und Salz abschmecken. Frischkäsecreme dünn auf die Zucchinischeiben streichen, zusammenrollen und mit kleinen Holzstäbchen fixieren. Auf einer Platte anrichten und mit übrigen Basilikumblättchen garnieren.

Hauptgericht

Hähnchensticks mit Kokos-Curry-Panade

Für 2 Portionen ► gelingt leicht
25 Min.

2 EL Sonnenblumenkerne › 3 geh. EL Kokosflocken › 1 TL Curry › 1 ½ TL Garam Masala (Gewürz) › 2 Hähnchenbrüste à 180 g › 1 Ei › 2 EL Olivenöl › 3 mittelgroße Salatherzen › 1 Orange › 125 g griechischer Joghurt › etwas Chilipulver › Meersalz

Sonnenblumenkerne mit Kokosflocken, Curry und Garam Masala vermischen und mit einem Hackmesser mittelfein zerkleinern. Hähnchen in daumendicke Stücke schneiden. Ei mit einer Gabel verquirlen, Fleischstücke zuerst im Ei, danach in der Kokos-Curry-Panade wenden. Öl in einer Pfanne erhitzen und die Hähnchensticks darin rundum goldbraun braten. Salat putzen, waschen, längs vierteln und auf 2 Tellern anrichten. Orange schälen, in kleine Stücke schneiden und mit Joghurt verrühren, mit Chili und Salz pikant würzen. Zusammen mit Salatherzen und Hähnchensticks servieren.

Dessert

Schokopudding mit Minzekick

Für 2 Portionen ► geht schnell
15 Min.

300 ml Milch › 1 ½ TL Bindobin (Johannisbrotkernmehl) › 2 EL Kakaopulver, stark entölt › 2 EL Stevia GrooVia › 2 EL flüssige Sahne › einige Minzeblättchen

Milch in einen Kochtopf geben. Bindobin, Kakaopulver und Stevia mit einem Schneebesen kräftig einrühren. Alles aufkochen und unter Rühren 1 Min. kochen lassen. Pudding in Dessertgläser füllen und sofort die Sahne darübergießen, damit sich keine Haut bildet. Mit Minzeblättchen garnieren. Warm oder kalt servieren.

TRENN KOST
Leichte
Kost leicht
gekocht

Trennkost – **Power** für Körper und Geist

Ob gekocht oder gebraten, warm oder kalt – oft verhindert der volle Terminkalender, dass frische Speisen schnell zubereitet auf den Tisch kommen. Für das Problem gibt es eine Lösung: Trennkost leicht und lecker.

Trennkostgerichte schmecken nicht nur köstlich, sondern sorgen auch für jede Menge Energie und Wohlbefinden. Denn durch die einzigartige Nahrungsmittelkombination werden Ihrem Körper alle lebensnotwendigen Nährstoffe zugeführt, gleichzeitig bleibt der Säure-Basen-Haushalt ausgeglichen und die »Verdauungschemie« stimmt.

Die nach den Regeln der Trennkost harmonisch zusammengestellten Mahlzeiten sind verdauungsfördernd und lassen dadurch weniger Gifte im Darm entstehen. Trennkost regt den Stoffwechsel an und entgiftet zusätzlich ganz sanft die Körperzellen. Auch die Bauchspeicheldrüse wird entlastet. Sie muss jetzt weniger Insulin herstellen, um den Blutzuckerspiegel zu stabilisieren – so werden Heißhungerattacken vermieden. Diese Veränderungen spüren Sie sehr schnell: Sie zeigen sich in mehr Gesundheit, neuer Lebensenergie, guter Konzentrationsfähigkeit und natürlich auch in einer Gewichtsabnahme. Außerdem wird die Trennkost durch die Entlastung der Bauchspeicheldrüse auch interessant für Diabetiker.

* * *

Das Prinzip des Trennens

Der Begründer der Trennkost, Dr. Howard Hay (1866–1940), trennte die sehr eiweißreichen Lebensmittel von den kohlenhydratreichen und teilte sie zudem in basenbildende und säurebildende auf. Gleichzeitig empfahl er eine vollwertige Ernährung. Der Grundgedanke dabei war, durch die Trennung der Nahrungsmittel innerhalb einer Mahlzeit »Ordnung« in das Verdauungssystem zu bringen. Dabei strebte Dr. Hay keine hundertprozentige Trennung an, sondern nur eine Trennung der Extreme.

Was aber bewirkt die getrennte Nahrungsaufnahme? Alles, was wir essen, wird in unserem Körper auf unterschiedliche Art verdaut. Ein Stück Fleisch, Fisch oder auch verschiedene Früchte brauchen zur Aufspaltung saure Verdauungssäfte, während hingegen kohlenhydratreiche Lebensmittel wie Kartoffeln, Reis, Nudeln und Getreide basische Verdauungssäfte zur Zersetzung benötigen. Isst man innerhalb einer Mahlzeit Eiweiße und Kohlenhydrate in größeren Mengen zusammen, kann es neben Sodbrennen und Magen-Darm-Beschwerden auch zu einer stark ansteigenden Insulinkurve kommen.

Dr. Hay erweiterte das Prinzip, indem er zusätzlich leicht verdauliche Speisen in den Speiseplan mit einbaute und diese Nahrungsmittel »neutral« bzw. »Kombis« nannte. Da diese Speisen weder die Eiweiß- noch die Kohlenhydratverdauung stören, können sie mit eiweißreicher wie auch mit kohlenhydratreicher Nahrung zusammen verzehrt werden.

Eine gute Hilfe bei der Zusammenstellung Ihrer Mahlzeiten bietet der Kombiplan (Seite 18). Anhand der farbigen Auflistung können Sie erkennen, welche Nahrungsmittel zu den Eiweißen (im Folgenden immer blau markiert) und welche zu den Kohlenhydraten (orange) gehören. Lebensmittel der neutralen Gruppe sind grün gekennzeichnet. Auch im anschließenden Rezeptteil sind Ihnen die farbigen Markierungen bei der Zuordnung der Mahlzeiten behilflich.

*Essen mit **Genuss** ist pure Lebensfreude. Trennkost ist eine Bereicherung in Ihrem Leben.*

Übergewicht – was kann man tun?

Übergewicht beruht auf einem langen Entwicklungsprozess. Die erste maßgebliche Rolle spielen die Gene, später entscheiden zusätzliche Faktoren über die Entwicklung der Fettreserven. Oft beruhen Gewichtsprobleme auf stressbedingtem »Frustfuttern«. Auch geht vielen Betroffenen das Maß für die richtige Ess-Menge verloren. Mit Schuld sind hier die von der Industrie eingesetzten geschmacksverstärkenden Zusatzstoffe und die großen Salzmengen, die den Appetit übermäßig anregen. Übergewicht kann aber auch aus einem schlecht funktionierenden Stoffwechsel und einer Überforderung der Organe entstehen. Und nicht zuletzt spielt die durch falsche Ernährung bedingte übermäßige Insulinproduktion eine bedeutende Rolle.

Insulin ist die Schlüsselsubstanz für Übergewicht, man bezeichnet das Hormon daher auch als »Masthormon«. Insulin bewirkt eine rasche Senkung des Blutzuckerspiegels, nimmt – vereinfacht gesagt – die Zuckerstoffe aus dem Blut, bildet daraus Fettsäuren und lagert diese dann in die Fettzellen ein. Die Konsequenz der raschen Blutzuckersenkung ist, dass Nerven und Gehirn unter einer Glukose-Unterversorgung leiden und nun unerbittlich das Signal »Hunger« senden. Ein Teufelskreis beginnt. Dass ein niedriger Insulinspiegel nicht nur zum Abnehmen, sondern grundsätzlich für die Gesundheit nützlich ist, haben zahlreiche Forscher wissenschaftlich belegt. Wenn Sie sich nach den Regeln der Trennkost ernähren, haben Sie Ihren Blutzucker- und Insulinspiegel im Griff.

Wenn Sie entspannt und dauerhaft abnehmen möchten, sollten Sie folgende Ratschläge beherzigen:

- Stimmen Sie Ihre Mahlzeiten harmonisch nach dem Trennkostprinzip aufeinander ab.
- Essen Sie möglichst viel Salat, Gemüse und Obst. Diese Lebensmittel enthalten viel Wasser und bieten aufgrund ihres hohen Kaliumgehalts die ideale Voraussetzung, um abzunehmen und zu entschlacken.
- Überprüfen Sie die Qualität Ihrer täglichen Nahrung. Den Konsum von Käse, Wurst, Hamburgern, Fertiggerichten, Kuchen oder Schokoriegeln sollten Sie möglichst einschränken.
- Trinken Sie ausreichend! Zwei Liter Flüssigkeit täglich sind ideal (Wasser, Tee, stark verdünnte Gemüse- und Fruchtsäfte).
- Auch sportliche Betätigung kurbelt die Fettverbrennung an. Gezielte Bewegung strafft die Figur, baut den Muskelapparat wieder auf und bringt Herz und Kreislauf in Schwung. Ob Nordic Walking, Pilates, Wandern, Radfahren oder Schwimmen – suchen Sie sich eine Sportart, die Ihnen Spaß macht!
- Essen Sie langsam und in Ruhe. Nehmen Sie nur kleine Bissen zu sich, kauen Sie diese gut und spülen Sie sie nicht mit Getränken »hinunter«.
- Nehmen Sie langsam, aber stetig ab. Etwa 300 bis 500 g pro Woche sind ausreichend. Sie werden überrascht sein, dass ohne Abnehmstress alles plötzlich viel einfacher geht.

* * *

TIPP

Trennkost. Einfach. Praktisch.

Es gibt zahlreiche Möglichkeiten, wie Sie lecker-leichte Trennkostgerichte ohne großen Aufwand zubereiten können. Mit einer guten Planung und sinnvollen Küchenhelfern, wie einem Pürierstab, scharfen Messern, Töpfen mit hitzespeichernden Böden oder einer Wokpfanne, sparen Sie Zeit und vereinfachen sich das Kochen. Weitere Hilfe bei Zeitknappheit bietet Tiefkühlkost. Hier gibt es fast alle Gemüsesorten, von Blumenkohl über Rotkohl bis hin zu Zucchini, fertig geputzt und zerkleinert. Ebenso finden Sie im Handel eine Auswahl verschiedener Kräuter, Suppengrün, Knoblauch und Zwiebeln fürs Gefrierfach – verpackt in kleinen Päckchen und darum gut zu dosieren. Tiefkühlprodukte stehen, was die Wertigkeit der Nährstoffe betrifft, den frischen Sorten in nichts nach. Eine der zeitsparenden Devisen lautet: »Aus eins mach zwei.« Kochen Sie zum Beispiel Kartoffeln, Reis oder Nudeln immer gleich in doppelter Menge. So können Sie einmal Pellkartoffeln und am nächsten Tag Kartoffelsalat essen. Frisch gekochte Pasta können Sie mit Pesto servieren und aus dem Rest einen Nudelsalat herstellen. Fleisch, in feine Streifen geschnitten, bietet auch eine Grundlage für pikante Salate. Pürierte Gemüsereste lassen sich zu cremigen Suppen verarbeiten.

Säuren und Basen – auf die Balance kommt es an

Um eine schlanke Figur und eine optimale Gesundheit zu erreichen, ist es sehr sinnvoll, sich über das Säure-Basen-Gleichgewicht zu informieren. Denn neben der Trennung der einzelnen Nahrungsmittel ist es äußerst wichtig, sich säurearm und basenreich zu ernähren. Eine Übersäuerung der Zellen macht auf lange Sicht den Körper krank.

Anzeichen einer Übersäuerung können Müdigkeit, Übelkeit, depressive Verstimmungen, ein Nachlassen der Konzentration, Kopfschmerzen, Muskelverspannungen oder Kreislaufstörungen sein. Auch bei Erkrankungen wie Gicht, Arthrose, Bandscheibenbeschwerden, Herzinfarkt, Schlaganfall und Krebs spielt die Gewebeübersäuerung eine Rolle.

Unser Körper braucht täglich Energie. Die geeigneten Brennstoffe werden ihm in Form von Eiweißen, Kohlenhydraten und Fetten geliefert. Viele Stoffe hinterlassen im Körper nach der Aufspaltung und Verbrennung saure Abfallstoffe wie etwa Harn- und Milchsäure, Kohlensäure oder sogenannte Transfettsäuren. Zu den wichtigsten Säurebildnern zählen Kaffee, schwarzer Tee, Kakao,

Alkohol, Nikotin und teilweise auch Medikamente, ebenso psychischer Stress. Unser Körper verfügt zwar über die Fähigkeit der Entgiftung, vor allem mithilfe der eigenen Mineralstoffdepots in Knochen, Knorpeln, Gelenken und Sehnen, die bei einer mangelhaften Basenzufuhr von außen freigesetzt werden können. Doch eine ständige Flut saurer Abfallstoffe kann auch ein gesunder Organismus auf Dauer nicht verkraften. Es kann dazu kommen, dass Muskeln und Knorpel abgebaut und Knochen entkalkt (entmineralisiert) werden. Daraus können dann die sogenannten Zivilisationskrankheiten entstehen.

Ob Säuren und Basen, Blutzucker und Insulin oder das Verhältnis von ***Koch-Aufwand*** *und Genuss – auf die richtige Balance kommt es an.*

Der Übersäuerungsprozess kann durch eine vernünftige Ernährung verhindert werden. Basen verfügen über eine ausgleichende Wirkung. Vitamine, Mineralstoffe, Enzyme und Spurenelemente, die sich vor allem in Gemüse, Salat, Obst und Keimlingen befinden, sind solche basischen Stoffe, die den Überschuss an Säuren neutralisieren.

Tipp: Essen Sie zu Fleisch, Fisch, Pasta, Reis und Co. drei- bis viermal so viel Gemüse, Salat und/oder Rohkost, und beugen Sie so einer Gewebeübersäuerung vor.

* * *

Wissenswertes von Apfel bis Zitrone

Äpfel spielen eine besondere Rolle. Frisch geerntet enthalten sie viel Fruchtsäure und zählen zur Eiweißverdauung. Mürbe, etwas runzelig gewordene Äpfel haben diese Fruchtsäure verloren und zählen jetzt zu den Kohlenhydraten. Die Sorte spielt dabei keine Rolle.

Säurereiches Obst, wie z.B. Beeren, Stein- und Kernobst oder Zitrusfrüchte (Zitronen, Orangen usw.), wird sauer vorverdaut und zählt daher zur Gruppe der Eiweiße. Aus Gründen der Verträglichkeit sollte es daher nicht mit kohlenhydratreichen Lebensmitteln zusammen gegessen werden.

Tomaten zählen im Rohzustand zur neutralen Kost, doch nach dem Erhitzen zum sauren Obst, dementsprechend in die Gruppe der Eiweiße. Erhitzen verändert die Substanz der Früchte, sie schmecken sauer. Tomaten sollten möglichst nicht in Aluminiumtöpfen gekocht werden. Die Säure greift das Metall an, wodurch das Kochgut einen metallischen Geschmack annimmt,

Meine eigene Erfahrung

Am Abend eine Eiweiß- oder eine Kohlenhydratmahlzeit? Das ist oft die Frage. Dr. Hay empfahl, am Abend auf schwer verdauliche Eiweißgerichte zu verzichten, da diese zu lange im Magen und Darm verweilten. Durch Wärme und Feuchtigkeit komme es schnell zu Gärung und Fäulnisbildung, was sich negativ auf das Säure-Basen-Gleichgewicht auswirken könne. Gesünder am Abend wäre ein leichter Kohlenhydratimbiss in Verbindung mit Gemüse. Dieser fördert das Hormon »Melatonin«, erleichtert so das Einschlafen und sorgt für eine erholsame Nacht. Neuere Abnehmmethoden unter dem Motto »Low Carb« hingegen empfehlen, abends auf Kohlenhydrate zu verzichten, damit über Nacht die Fettreserven angegriffen werden. Wenn Sie abnehmen möchten, ist diese Variante wegen des ausbleibenden Insulinanstiegs sicherlich sinnvoll. Dennoch machte ich bei mir selbst und auch bei den Teilnehmern meiner Trennkost-Seminare die Erfahrung, dass auch Kohlenhydrate am Abend die Gewichtsabnahme nicht behindern. Entscheiden Sie selbst nach individueller Verträglichkeit und nach Vorliebe. Verzichten müssen Sie auf die geliebte Pasta am Abend auf jeden Fall nicht.

was sich auch gesundheitsschädlich auswirken kann.

Milch, egal welcher Fettstufe, zählt zu den Eiweißen. Sie ist schwer verdaulich, da sie im Magen sofort gerinnt.

Joghurt, Quark und Co., also gesäuerte Milchprodukte, sind zwar eiweißreich, aber dennoch neutral. Der Grund hierfür liegt im Säuerungsprozess – herbeigeführt durch Milchsäurebakterien, die die schwer verdauliche Milch praktisch vorverdauen.

Rohes Fleisch und roher Fisch wie z.B. Tatar, Matjes oder Lachs, sind zwar eiweißreich, gehören aber in die neutrale Spalte, da die Zellstruktur noch unverändert ist. Erst durch Kochen oder Erhitzen verhärtet sich die Zellwand. Dadurch werden Fleisch und Fisch schwerer verdaulich und zählen dann zur Eiweißgruppe.

Tofu, Soja und Sojadrinks zählten bisher zu den Eiweißen, aber nach den neuesten Erkenntnissen gehören sie in die Gruppe der Neutralen. Sie sind cholesterinfrei, voller Mineralstoffe und wirken basenbildend. So können sie einen gestörten Säure-Basen-Haushalt ausgleichen. Sojasoße gilt (in kleinen Mengen gegessen) als Gewürz und kann neutral betrachtet werden.

Eiweißhaltig

- ***GEGARTE FLEISCHSORTEN*** Bratenfleisch, Rouladen, Gulasch, Steaks, Hackfleisch, Putenschnitzel, Gans, Ente
- ***GEGARTE FISCHSORTEN*** Seelachs, Kabeljau, Lachs, Rotbarsch, Heilbutt, Thunfisch, Forelle
- ***ALLE KÄSESORTEN, DIE ERHITZT WURDEN*** z.B. Edamer, Esrom, FolEpi, Gouda, Havarti, Tilsiter, Milch aller Fettstufen
- ***OBST*** Ananas, Aprikosen, frische Äpfel, Birnen, Erdbeeren, Granatäpfel, Grapefruits, Himbeeren, Johannisbeeren, Kirschen, Kiwis, Mandarinen, Mangos, Litschis, Orangen, Papayas, Pfirsiche, Pflaumen, Zitronen
- ***GETRÄNKE*** Obstsäfte, Apfelwein, Weiß-, Rot- und Roséwein, Sekt
- ***SONSTIGES*** Saitan, gekochte Tomaten, Essig, Eier

Kohlenhydrathaltig

- ***VOLLKORNGETREIDE UND -ERZEUGNISSE*** Quinoa, Hafer, Gerste, Hirse, Weizen, Roggen, Maisgries, Vollkornbrot, Vollkornbrötchen, Kuchen und Gebäck aus Vollkornmehl, Vollkornnudeln, Nudeln aus Hartweizengrieß, Naturreis, Kartoffeln
- ***OBST*** Bananen, mürbe Äpfel, frische Feigen, frische Datteln, ungeschwefeltes Trockenobst
- ***SÜSSUNGSMITTEL*** Ahornsirup, Honig, Birnen- und Apfeldicksaft. Diese Süßungsmittel dürfen in kleinen Mengen auch zum Abschmecken von Eiweißgerichten verwendet werden.
- ***SONSTIGES*** Kartoffelstärke, Puddingpulver, Pfeilwurzelstärke, Bier

Neutrale Lebensmittel

Sparsam verwenden!

- ***FETTE*** Kalt gepresste Öle, Butter, ungehärtete Margarine und Plattenfette, alle gesäuerten und vollfetten Milchprodukte (z. B. Joghurt, saure Sahne, Quark, Buttermilch, Dickmilch, süße Sahne, Kaffeesahne), Crème fraîche
- ***NEUTRALER KÄSE*** Alle Käsesorten über 60 % Fett i. Tr. und solche, die aus naturbelassener, roher Milch geschöpft und hergestellt werden (z. B. Allgäuer, Emmentaler, Appenzeller, Greyerzer, Raclette, Parmesan, Pecorino)
- ***ROHE LUFTGETROCKNETE ODER ROHE GERÄUCHERTE WURSTWAREN*** Bündner Fleisch, roher Schinken, Lachsschinken, Salami, Debrecziner, Tatar (rohes Fleisch nur ganz frisch verwenden!)
- ***ROHE, MARINIERTE ODER GERÄUCHERTE FISCHSORTEN*** Räucherlachs, Matjeshering, Bismarckhering, Schillerlocken, Forelle, Makrele, Aal, Bückling
- ***NÜSSE, SAMEN UND ENTSPRECHENDE MEHLE*** Haselnüsse, Walnüsse, Mandeln, Mandelmehl, Lupinenmehl, Kokosnuss, Sonnenblumenkerne, Sesam, Mohn, Chiasamen, Hanfsamen(mehl). (Erdnüsse bitte meiden – schwer verdaulich.)
- ***MILDE ESSIGSORTEN*** Obstessig, Brottrunk, Feigenessig, sehr alter Balsamico, vergorenes Molkekonzentrat (Molkosan)

Reichlich verwenden

- ***GEMÜSE UND SALATE*** Auberginen, Artischocken, Avocados, Brokkoli, Blumenkohl, grüne Bohnen, Chicorée, Chinakohl, Eisbergsalat, grüne Erbsen, Grünkohl, Feldsalat, Fenchel, Gurken, Knoblauch, Kohlrabi, Kopfsalat, Lauch, frischer Mais, Mangold, Melonen, Möhren, Paprika, Pastinaken, Peperoni, Radieschen, Rettich, Rote Bete, Rosenkohl, Rotkohl, Sauerkraut, Sellerie, Spargel, Spinat, rohe Tomaten, Schwarzwurzel, Weißkohl, Wirsing, Zucchini, Zwiebeln
- ***PILZE*** Alle Zuchtpilze, auch asiatische und Waldpilze
- ***SPROSSEN UND KEIME*** Mungobohnenkeimlinge, Alfalfa, Radieschensprossen oder andere Keimlinge
- ***SONSTIGES*** Sojaprodukte, Sojacreme, Tofu, Lupine, Rosinen, Heidelbeeren, Aroniabeeren, Oliven, Hefe, Gemüsebrühe, Eigelb, Gelatine, Agar-Agar, Bindobin, Konjak-Nudeln, Kräuter, Gewürze, Senf, Kräutertees, Stevia

Mengenplan

Mithilfe dieses Plans brauchen Sie keine Kalorien mehr zu zählen. Hier sehen Sie, welche Mengen für die Kategorien Frühstück, Hauptgericht oder Snack für eine Person angemessen sind. Einfach und schnell, ohne auf irgendetwas verzichten zu müssen, erreichen Sie so Ihr Wohlfühlgewicht.

WICHTIG: Trinken Sie jede Stunde ein Glas Wasser.

Snacks

- 200 g frisches Obst der Saison
- Rohkost in beliebiger Menge
- 100 g Obst, dazu 125 ml Milch
- 200 g angesäuerte Milchprodukte, wie z. B. Kefir, Buttermilch, Trinksauermilch, Joghurt

Frühstück

Sie haben die Wahl zwischen einem Obstfrühstück, einem eiweißreichen und einem kohlenhydratreichen Frühstück.

N Obst-Frühstück (neutral)

Frisches Obst der Saison in beliebiger Menge. Beispiele: Ananas, Orangen, Erdbeeren, Himbeeren, Brombeeren, Äpfel, Birnen, Pfirsiche, Aprikosen, Kiwis, Kirschen, Mirabellen, Mangos, Nektarinen (siehe auch Kombiplan Seite 18).

HINWEIS: Mischen Sie fruchtsäurehaltige Obstsorten nicht mit Bananen, Feigen oder Datteln.

E Eiweißreiches Frühstück

2 Eier in jeder Form und Zubereitungsart: gefüllte oder gekochte Eier, Omelette, pochierte Eier, Rühr- oder Spiegeleier.
Dazu in beliebiger Menge: Tomaten, Gurken, Paprikaschoten, Radieschen oder ein anderes Gemüse.

HINWEIS: Essen Sie kein kohlenhydratreiches Brot zum Ei. Eiweißbrot ist erlaubt.

KH Kohlenhydratreiches Frühstück

- 1 Scheibe Vollkornbrot (50 g) oder 1 Vollkornbrötchen oder
- 3 Scheiben Vollkornknäckebrot

Brot dünn mit Butter bestreichen und mit Folgendem belegen bzw. bestreichen:

- ► 30 g Wurst (ca. 3 dünne Scheiben) oder
- ► 30 g Käse (ca. 1 Scheibe) oder
- ► 50 g Quark (ca. 2 EL)

Dazu in beliebiger Menge: Tomaten, Gurken, Paprikaschoten, Radieschen oder ein anderes Gemüse.

HINWEIS: Da es keine hundertprozentige Trennung der Nahrungsmittel gibt, können Sie das Brot mit 30 g Wurst oder Käse nach Wahl belegen. Weitere Ideen für Brotbelag finden Sie im Kombiplan oder im Rezeptteil (Seite 23).

- ► Müsli

HINWEIS: Getreideflocken oder Müslis nicht mit fruchtsäurehaltigen Obstsorten kombinieren. Auch keine Milch verwenden, da diese in Verbindung mit Kohlenhydraten noch schwerer verdaulich wird. Harmonischer werden Müslis mit kohlenhydratreichen Obstsorten und mit gesäuerten Milchprodukten oder Sahne-Wasser-Gemisch (⅓ Sahne auf ⅔ Wasser) oder Reismilch. Wenn Sie auf Ihren Kaffee oder schwarzen Tee nicht verzichten möchten, verfeinern Sie diesen mit etwas Sahne. Zum Süßen bietet sich Stevia flüssig an.

WICHTIG: Kauen Sie jeden Bissen sorgfältig. Kaffee oder Tee ist kein Speichelersatz.

Mittag- & Abendessen

Sie haben jeweils die Wahl zwischen einer überwiegend eiweiß- oder kohlenhydratreichen Mahlzeit.

E Eiweißreiches Hauptgericht

- ► 150 – 200 g Fleisch oder
- ► 150 – 200 g Fisch oder
- ► 2 Eier oder
- ► 60 g Käse oder
  100 g gegarte Wurstsorten

Essen Sie dazu 400 g Gemüse oder Salat.

KH Kohlenhydratreiches Hauptgericht

- ► 50 g Getreide (roh gewogen) oder
- ► 60 g Naturreis (roh gewogen) oder
- ► 80 g Vollkornnudeln (roh gewogen) oder
- ► 200 g Kartoffeln

Essen Sie dazu 400 g Gemüse oder Salat.

Bedienen Sie sich zusätzlich des großen Kombi-Plans. Wählen Sie aus der Kombi-Gruppe Teil 1 (sparsam) und aus der Kombi-Gruppe Teil 2 (reichlich) aus, was Sie mögen.

HINWEIS: Hilfreich sind folgende Faustregeln:

- ► Bei einer Eiweißmahlzeit wählen Sie 1 Teil Fleisch, Fisch, Käse oder Eier, dazu 3 bis 4 Teile Gemüse oder Salate.
- ► Bei einer Kohlenhydratmahlzeit wählen Sie 1 Teil Kartoffeln, Naturreis, Getreide oder Nudeln, dazu 3 bis 4 Teile Gemüse oder Salate.

Raffinierte Rezeptideen

Beeren-Buttermilchmüsli

KH

Für 2 Portionen ► geht schnell 10 Min.

300 g Buttermilch › 2 EL Honig › 100 g Heidelbeeren (tiefgekühlt) › 6 EL kernige Haferflocken › 2 Blättchen Zitronenmelisse

Buttermilch mit Honig süßen und Heidelbeeren untermischen. Haferflocken in zwei Glasschälchen geben und die Heidelbeer-Buttermilch darauf verteilen. Mit Zitronenmelisse verziert servieren.

TIPP Da Heidelbeeren zu den neutralen Früchten zählen, sind sie sehr vielseitig einsetzbar. Ob zu Pfannkuchen, als Kaltschale oder im Müsli – Heidelbeeren schmecken köstlich und sind von hohem Wert für die Gesundheit. Die enthaltenen Gerbstoffe haben eine keimabtötende Wirkung, v. a. gegen Kolibakterien, und der blaue Farbstoff unterstützt die Blutbildung.

Frühstück & Snacks

Obstsalat mit Joghurtsauce

E

Für 2 Portionen ► geht schnell
10 Min.

1 säuerlicher Apfel
1 Birne
150 g Erdbeeren
125 g griechischer Joghurt
1 EL flüssiger Honig
1 TL Zimtpulver

Apfel und Birne waschen, vierteln, vom Kerngehäuse befreien und in kleine Würfel schneiden. Erdbeeren waschen und vierteln. Äpfel, Birnen und Erdbeeren in einer Schüssel mischen. Joghurt mit Honig verrühren und auf den Obstsalat geben. Mit Zimt bestäuben und servieren.

Mandarinenjoghurt

E

Für 2 Portionen ► geht schnell
10 Min.

2 große Mandarinen
250 g Joghurt
2 EL Ahornsirup
2 Msp. Kardamom

Mandarinen schälen und die Spalten in kleine Stücke schneiden. Joghurt mit Ahornsirup und Kardamom verrühren. Mandarinenstücke untermischen. In Dessertschalen füllen und servieren.

TIPP Statt der Mandarinen können Sie auch Clementinen, Satsumas oder andere Saisonfrüchte verwenden. Die Zitrusfrüchte enthalten sehr viel Vitamin C, außerdem Carotin, mehrere B-Vitamine und viele Mineralstoffe – ideal für Ihre Abwehrkräfte!

Apfel-Bananen-Müsli

KH

Für 2 Portionen ► gelingt leicht
10 Min.

1 großer mürber Apfel
2 Bananen
2 EL gemahlener Leinsamen
200 g Joghurt
2 EL Honig
2 EL kalt geschlagenes Leinöl
1 EL Sonnenblumenkerne

Apfel waschen, vierteln, entkernen und klein würfeln. Bananen schälen und in Scheiben schneiden. Leinsamen mit Joghurt, Honig und Leinöl vermischen und über das Müsli geben. Mit Sonnenblumenkernen bestreut servieren.

TIPP Leinsamen enthält viele pflanzliche Östrogene und soll hormonabhängige Krebsarten wie Brustkrebs oder Gebärmutterkrebs hemmen. Besonders gut wirken die kleinen Körnchen gegen Verstopfung. Geschrotet oder gemahlen ist Leinsamen höchstens eine Woche lagerfähig.

Rosinenbrot mit Hagebuttenmus

KH

Für 2 Portionen ► geht schnell
5 Min.

2 Scheiben Vollkornrosinenbrot
60 g Frischkäse
2 EL Hagebuttenmus
1 TL Zimt

Rosinenbrote mit Frischkäse und Hagebuttenmus bestreichen. Mit Zimt bestreut servieren.

TIPP Marmelade ist bei Trennkost schlecht einzuordnen. Früchte, die zur Gruppe der Eiweiße zählen und sauer verdaut werden, können in Kombination mit Zucker Sodbrennen verursachen. Mus als Marmeladenersatz, aus Heidelbeeren oder Hagebutten, ist verträglicher. Beide Fruchtsorten eignen sich auch sehr gut als Füllung für Pfannkuchen.

Vitalbrot

KH

Für 2 Portionen ► gelingt leicht
5 Min.

4 Scheiben Vollkorntoast
120 g Kräuterfrischkäse
4 EL Keimlinge, z. B. Mungobohnen-, Sonnenblumen- oder Linsenkeimlinge

➤ Vollkornbrote toasten. Kräuterfrischkäse gleichmäßig auf die Scheiben streichen. ➤ Keimlinge waschen, gut abtropfen lassen und auf den Broten verteilen.

Käsebaguette

KH

Für 2 Portionen ► geht schnell
5 Min.

1 große Fleischtomate
1 Vollkornbaguette
4 TL Butter
100 g Allgäuer Emmentaler (in Scheiben)

➤ Tomate waschen, in Scheiben schneiden, Stielansatz dabei entfernen. ➤ Baguette halbieren, beide Teile quer durchschneiden und die unteren Hälften dünn mit Butter bestreichen. Mit Tomatenscheiben und Käse belegen. ➤ Die oberen Baguettehälften daraufsetzen und zusammen mit den restlichen Tomatenscheiben servieren.

TIPP Allgäuer Emmentaler, aus roher Milch hergestellt, durch Milchsäurebakterien gesäuert, zählt zu den neutralen Käsesorten. Bei pasteurisierten Käsesorten fehlt oft die natürliche Säuerung, dadurch sind diese schwerer verdaulich und zählen zur Eiweißgruppe.

Apfelmatjes auf Schwarzbrot

KH

Für 2 Portionen ► geht schnell
10 Min.

2 mürbe, abgelagerte Äpfel
4 Matjesfilets
2 Scheiben Schwarzbrot
4 EL saure Sahne

➤ Äpfel waschen, vierteln und entkernen. Je ein Viertel davon fein würfeln, die restlichen Viertel in schmale Spalten schneiden. Matjesfilets in breite Streifen schneiden. ➤ Brote mit saurer Sahne bestreichen und mit Apfelwürfeln und Matjesstreifen belegen. Zusammen mit den Apfelspalten servieren.

TIPP Roher Fisch wie Matjes, Lachs oder Hering zählt zur neutralen Gruppe. In ihrer Struktur und Zellhaut noch unverändert, sind sie leichter verdaulich. Erst durch das Erhitzen verhärtet und verdichtet sich ihre Struktur. Der Fisch wird schwerer verdaulich und zählt nun zur Eiweißgruppe.

Forellenfilets auf Pumpernickel

KH

Für 2 Portionen ► gelingt leicht
10 Min.

2 geräucherte Forellenfilets
1 kleine Salatgurke
Meersalz
8 Pumpernickeltaler
2 EL Meerrettich (Glas)

➤ Forellenfilets von den Gräten befreien und in 8 kleine Stücke teilen. Gurke schälen und 8 dünne Scheiben davon abschneiden. Die restliche Gurke in 1 cm dicke Scheiben schneiden und leicht salzen. ➤ Pumpernickeltaler mit Meerrettich bestreichen und mit den dünnen Gurkenscheiben und Forellenstücken belegen. Zusammen mit den dickeren Gurkenscheiben anrichten.

TIPP Heiß geräucherte Fische, z. B. Forelle, Makrele, Sprotten oder Heilbutt, sind wegen ihres Fettgehalts neutral. Die wertvollen Omega-3-Fettsäuren gelten als cholesterinsenkend und haben eine Schutzwirkung auf Herz und Gefäße.

Schafskäse mediterran

E

Für 2 Portionen ► gut vorzubereiten
15 Min.

1 große Fleischtomate
2 Scheiben Schafskäse (Feta), 100 g
2 TL gerebelter Oregano
2 TL gerebelter Thymian
2 TL gehackter Rosmarin
außerdem: Alufolie (extra stark und reißfest) und Backpapier

➤ Tomate vom Stielansatz befreien, vom Fruchtfleisch 4 Scheiben (1 cm dick) abschneiden. Backofen auf 200 °C vorheizen. ➤ 2 große Stücke Alufolie passend mit Backpapier auslegen, je 1 Tomatenscheibe und 1 Scheibe Schafskäse darauflegen. Mit Oregano, Thymian und Rosmarin würzen. ➤ Die restlichen beiden Tomatenscheiben auf den Käse legen und die Folie gut verschließen. Die Päckchen im Backofen etwa 10–12 Min. backen.

TIPP Essen Sie dazu je 300 Gramm aufgeschnittene Tomaten als Rohkost.

Pizzabrot

KH

Für 2 Portionen ► gelingt leicht
20 Min.

1 EL Öl
100 g Paprikastreifen (tiefgekühlt)
100 g Champignons in Scheiben (tiefgekühlt)
2 EL Zwiebelwürfel (tiefgekühlt)
Pfeffer
Meersalz
1 TL Oregano
2 Scheiben Vollkornbrot
60 g Käse in Scheiben, z. B. Allgäuer, Emmentaler oder Greyerzer

➤ Öl in einer Pfanne erhitzen. Paprikastreifen, Champignons und Zwiebelwürfel darin unter Rühren 5 Min. braten. Mit Pfeffer, Salz und Oregano pikant würzen. ➤ Backofen auf 200 °C vorheizen. Gemüsemischung auf den Broten verteilen und mit Käse belegen. Pizzabrote im Backofen etwa 10 Min. backen, bis der Käse leicht gebräunt ist.

Schafskäse mediterran

Die häufigsten Fragen zum Abnehmen

Wie viel nimmt man mit Trennkost ab?

In den beiden ersten Wochen purzeln die Pfunde besonders schnell. Zwei bis drei Kilo sind keine Seltenheit. Weiter geht es dann wöchentlich mit 500 bis 800 Gramm. Nach zwei bis drei Monaten kann die Gewichtsabnahme kurz stagnieren. Jetzt heißt es: »Bloß nicht aufgeben!« Gönnen Sie Ihrem Stoffwechsel diese Pause und versuchen Sie auf gar keinen Fall, mit Essensverzicht die Gewichtsabnahme zu beschleunigen. Aufgrund der leichten Verdaulichkeit von Trennkost-Mahlzeiten, trotz großer Portionen, geht es dann erfolgreich weiter.

Welche Lebensmittel darf ich bei Trennkost nicht essen?

Prinzipiell: Verbote gibt es nicht, nur Empfehlungen! Sie sollten Zucker weitestgehend meiden, da dieser einen erheblichen Einfluss auf den Blutzuckerspiegel ausübt. Dasselbe gilt für Fertiggerichte und Fast Food, die nicht täglich auf den Speiseplan gehören, da die darin enthaltenen geschmacksverstärkenden Zusatzstoffe den Speichelfluss übermäßig anregen und damit dem Gehirn das Signal »Hunger« übermitteln.

Wie oft soll ich essen?

Drei oder fünf Mahlzeiten am Tag? Hier gibt es keine feste Abnehmregel. Sie müssen selbst herausfinden, was am besten für Sie ist. Fünf Mahlzeiten sind dann nützlich, wenn Sie zwischendurch der kleine Hunger quält. Doch manchmal ist es besser eine Zwischenmahlzeit auszulassen, um die Insulinausschüttung nicht zu stimulieren. Im Gegensatz können zu lange Abstände zwischen den Mahlzeiten zu Leistungstiefs führen. Auf jeden Fall sollten Sie ständiges Naschen vermeiden. Halten Sie am besten die empfohlenen Esspausen zwischen den einzelnen Mahlzeiten ein: nach dem Frühstück 2 bis 3 Stunden, nach dem Vormittagssnack 1 ½ bis 2 Stunden, nach dem Mittagessen 3 ½ bis 4 ½ Stunden, nach dem Nachmittagssnack 2 bis 3 Stunden. Nach dem Abendessen sollten Sie nichts mehr essen.

Ist Alkohol beim Abnehmen erlaubt?

Gegen gelegentlich ein Glas Bier oder ein Glas Wein, auch während der Abnehmphase, ist sicher nichts einzuwenden, doch darüber hinaus sollten Sie den Genuss von alkoholischen Getränken unbedingt einschränken. Alkohol macht Appetit und setzt bestimmte Hormone und Neurotransmitter frei, die Hungergefühle auslösen. Zudem entzieht Alkohol dem Körper Flüssigkeit, und damit auch Salz. Um diese Salzspeicher wieder aufzufüllen, entwickelt der Körper gnadenlos eine spezielle Lust auf stark gewürztes Fast Food. Die Folge: Heißhunger.

Statt Wasser auch mal Light-Getränke?

Light-Getränke stehen im Verdacht, den Appetit anzuregen und den Blutzucker- und Insulinspiegel negativ zu beeinflussen. Bisherige Studien konnten dies nicht einwandfrei belegen, doch die Bedenken bleiben und solange dies nicht geklärt ist, sollten Sie Ihren Körper nicht mit synthetischen Süßstoffen belasten und ihn womöglich in eine Hungerfalle locken. Hinzu kommt, dass die Geschmacksnerven mit der Zeit gegen »süß« unempfindlich werden können und immer mehr danach verlangen. Wenn Sie sich mit purem Wasser nicht anfreunden können, dann machen Sie sich eine Limonade aus Apfelessig und süßen Sie diese mit flüssigem Stevia. Stevia ist natürlichen Ursprungs und zählt somit nicht zu den synthetischen Süßstoffen. Auch verschiedene Teesorten oder stark verdünnte Obstsäfte sind eine gute Alternative.

Kann man auch ohne Sport abnehmen?

Ja, man kann! Trotzdem sollten Sie körperliche Aktivität nicht vernachlässigen. Bewegung bewahrt vor dem »Einrosten«, strafft die Figur, baut den Muskelapparat wieder auf, schützt das Herz und bringt den Kreislauf in Schwung. Die beste sportliche Anregung bietet Musik mit rhythmischen Klängen. Durch Tonschwingungen animiert, tanzt dann der Körper ganz von alleine. Aber auch andere Bewegungsprogramme, wie Nordic Walking, Pilates oder einfaches Spazierengehen, Wandern, Radeln, Schwimmen oder Stretching, kurbeln die Fettverbrennung an. Suchen Sie sich eine Sportart, die Ihnen Freude macht und auf die Sie Lust haben. Es lohnt sich.

Scharfe Thaisuppe mit Tofu

N

Für 2 Portionen ► gelingt leicht
15 Min.

150 g Tofu
1 Stange Lauch
1 rote Paprika
150 g Austernpilze
1 EL Öl (z. B. Sesamöl)
500 ml Gemüsebrühe
½ TL rote Currypaste
½ TL Sambal Oelek
1 EL dunkle Sojasauce
etwas Meersalz
frisches Koriandergrün

► Tofu klein würfeln und beiseitestellen. ► Lauch putzen, längs vierteln, waschen und in feine Streifen schneiden. Paprika waschen und in dünne Streifen schneiden. Pilze putzen und würfeln. ► Öl in einem Topf erhitzen. Gemüsestücke darin unter Rühren 5 Min. kräftig anbraten. Mit Brühe ablöschen und aufkochen lassen. Suppe mit Currypaste, Sambal Oelek, Sojasauce und Salz würzen. Tofuwürfel untermischen und mit Koriander bestreuen.

Suppen & Salate

Gemüsesuppe mit Debrecziner

E

Für 2 Portionen ► gut vorzubereiten
20 Min.

600 g Gemüsesuppe (tiefgekühlt)
2 EL Tomatenmark
1 EL Gemüsebrühe
Pfeffer
1 TL Majoran
1 TL Sambal Oelek
4 Debrecziner Würstchen

➤ Die tiefgekühlte Gemüsesuppe nach Packungsanweisung zubereiten. ➤ Tomatenmark, Brühe und Gewürze dazugeben. Zugedeckt 8 Min. bei schwacher Hitze kochen lassen. ➤ Würstchen in die Suppe legen und bei offenem Topf weitere 5 Min. ziehen lassen. Heiß servieren.

Gemüseeintopf mit Geflügelwürstchen

E

Für 2 Portionen ► geht schnell
15 Min.

1 EL Butter
700 g Mischgemüse (tiefgekühlt),
z. B. Möhren, Erbsen, Spargel
1 EL Gemüsebrühe (instant)
Pfeffer
4 Geflügelwürstchen
2 EL saure Sahne
3 EL gehackte Petersilie (tiefgekühlt)

➤ Butter in einem Topf schmelzen lassen, Gemüse dazugeben und unter Rühren leicht antauen lassen. Gemüse knapp mit Wasser bedecken und aufkochen lassen. ➤ Den Eintopf mit Gemüsebrühe und Pfeffer würzen. Im geschlossenen Topf etwa 8 Min. leise kochen lassen. ➤ Würstchen auf das Gemüse legen und weitere 3 Min. garen lassen. Saure Sahne unterrühren und den Eintopf mit Petersilie bestreut servieren.

Zucchinisuppe mit Knoblauchbaguette

KH

Für 2 Portionen ► gut vorzubereiten
15 Min.

400 g Zucchini
1 kleines Vollkornbaguette
2 EL Knoblauchbutter
2 TL Gemüsebrühe (instant)
Pfeffer
2 EL Sahne

Zucchini waschen, Blüten- und Stielansätze entfernen und Fruchtfleisch grob würfeln. In einen Topf geben, mit Wasser bedecken und zugedeckt 8–10 Min. leise kochen lassen. Baguette halbieren, quer aufschneiden und in ca. 3 cm breite Rauten schneiden. Gleichmäßig mit Knoblauchbutter bestreichen. Unter dem Grill 8–10 Min. rösten. Suppe mit Gemüsebrühe und Pfeffer würzen. Einige Zucchiniwürfel aus der Brühe nehmen. Die restliche Suppe pürieren und Gemüsewürfel wieder dazugeben. Sahne unterziehen und zusammen mit dem Baguette servieren.

Tomatensuppe mit gestockten Eiern

E

Für 2 Portionen ► geht schnell
15 Min.

1 EL Olivenöl
1 EL Zwiebelwürfel (tiefgekühlt)
400 g stückige Tomaten (Dose)
200 ml Gemüsebrühe
1 TL Thymian
1 TL Rosmarin
1 Msp. Cayennepfeffer
2 EL Sojacreme
4 Eier
einige Basilikumblättchen

Öl in einem Topf erhitzen und Zwiebelwürfel darin glasig dünsten. Tomatenstücke unter Rühren dazugeben und alles gut durchschmoren lassen. Brühe angießen. Mit Thymian, Rosmarin und Cayennepfeffer würzen. Die Suppe mit dem Mixstab pürieren und mit Sojacreme verfeinern. Eier einzeln aufschlagen, in eine Suppenkelle geben und langsam in die Suppe setzen. 5 Min. bei schwacher Hitze ziehen lassen. Mit Basilikumblättchen garnieren.

Fischsuppe neapolitanisch

E

Für 2 Portionen ► gelingt leicht
20 Min.

1–2 Knoblauchzehen
1 TL Öl
2 EL Zwiebelwürfel (tiefgekühlt)
450 g Gemüsesuppe (tiefgekühlt)
200 g stückige Tomaten (Dose)
¾ l Gemüsebrühe
Pfeffer
Oregano
½ TL Sambal Oelek
300 g Fischfilet, z. B. Scholle, Kabeljau, Rotbarsch
2 EL gehackte Petersilie (tiefgekühlt)

Knoblauchzehen abziehen und grob hacken. Öl in einem Topf erhitzen. Zwiebel- und Knoblauchwürfel darin glasig dünsten. Gemüsesuppe, Tomatenstücke und Brühe dazugeben, mit Pfeffer, Oregano und Sambal Oelek würzen. Aufkochen lassen und zugedeckt 6–8 Min. leise kochen lassen. Fisch waschen und in Würfel schneiden. Fischstücke zur Suppe geben und zugedeckt weitere 5 Min. bei schwacher Hitze kochen lassen. Mit Petersilie bestreut servieren.

Frühlingssalat

N

Für 2 Portionen ► gelingt leicht
15 Min.

1 kleines Bund Rucola
1 kleiner Romanasalat
1 kleine gelbe Paprika
1 Fleischtomate
1 EL Olivenöl
1 EL Obstessig
frischer Pfeffer aus der Mühle
Meersalz
10 schwarze Oliven

Rucola waschen, trocknen und klein schneiden. Romanasalat putzen, waschen, abtropfen lassen und in mundgerechte Stücke zerpflücken. Paprikaschote halbieren, entkernen, waschen und würfeln. Tomate waschen, vom Stielansatz befreien und in schmale Spalten schneiden. Die vorbereiteten Salatzutaten in einer Schüssel mischen. Für das Dressing Öl mit Essig, 5 EL Wasser, Pfeffer und Salz kräftig verrühren. Salat mit dem Dressing mischen und mit Oliven garnieren.

Frühlingssalat

Fruchtiger Geflügelsalat

E

Für 2 Portionen ► gelingt leicht
20 Min.

1 Kopfsalat
250 g gegarte Hühnerbrust
2 Mandarinen
4 Walnusskerne
frisch gepresster Saft einer Mandarine
150 g Joghurt
3 EL saure Sahne
1–2 TL Curry
Pfeffer
Meersalz
1 EL Ketchup
3 kleine Zweige Petersilie

► Salat putzen, waschen und trocken schleudern. In mundgerechte Stücke zerteilen und auf einer Platte anrichten. ► Fleisch in kleine Würfel schneiden. Mandarinen schälen und in kleine Stücke schneiden. Nüsse grob hacken. ► Mandarinensaft mit Joghurt, saurer Sahne, Curry, Pfeffer, Salz und Ketchup verrühren. Fleisch, Mandarinenstückchen und Nüsse unterheben. ► Den Geflügelsalat auf den Kopfsalat geben und mit Petersilie garniert servieren.

Salat mit Sprossenkrönchen

N

Für 2 Portionen ► gelingt leicht
15 Min.

4 EL Mungobohnensprossen
1 Salatherz
1 grüne Paprikaschote
1 kleine Salatgurke
150 g Mais (tiefgekühlt)
1 kleines Bund Dill
1 EL Öl
2 EL Obstessig
Pfeffer
Meersalz

► Sprossen waschen, verlesen, abtropfen lassen, dann beiseitestellen. ► Salat putzen, waschen, trocknen und in mundgerechte Stücke zupfen. Paprikaschote waschen und klein würfeln. ► Gurke schälen, der Länge nach vierteln und in kleine Scheiben schneiden. Alles zusammen mit Mais in einer Schüssel mischen. ► Dill waschen und fein hacken. Öl mit Essig, 6 EL Wasser, Pfeffer, Salz und Dill verrühren. Das Dressing über den Salat geben und mit Sprossen bestreut servieren.

Eier-Krabben-Salat

E

Für 2 Portionen ► gelingt leicht
20 Min.

2 Eier
200 g gekochte Krabben (tiefgekühlt)
½ Eisbergsalat
150 g Joghurt
4 EL Sojacreme
1 TL Senf
Meersalz
1 TL Curry
1 Msp. Cayennepfeffer
2 EL gehackte Petersilie (tiefgekühlt)

Eier hart kochen, mit kaltem Wasser abschrecken, pellen und grob hacken. Krabben auftauen lassen, dann mit einer Gabel grob zerdrücken. Eisbergsalat putzen, waschen, abtropfen lassen und in schmale Streifen schneiden. Joghurt mit Sojacreme, 3 EL Wasser, Senf, Salz, Curry und Cayennepfeffer verrühren. Die Sauce mit den gehackten Eiern, Krabben und Salatstreifen mischen. Mit Petersilie bestreut servieren.

Gemischter Salat mit Eiern und Sardellen

E

Für 2 Portionen ► geht schnell
15 Min.

4 Eier
1 kleine Salatgurke
3 Tomaten
1 kleiner Eisbergsalat
2 EL Himbeer- oder Feigenessig
1 EL Öl
1 TL Senf
einige Spritzer Worcestersauce
2 EL Sahne
Pfeffer
Meersalz
10 Sardellenfilets

Eier hart kochen, mit kaltem Wasser abschrecken und pellen. Gurke schälen und in kleine Würfel schneiden. Tomaten waschen und in Spalten schneiden. Eisbergsalat waschen und in mundgerechte Stücke teilen. Gurkenwürfel, Tomatenspalten und Eisbergsalat mischen und auf einer Salatplatte anrichten. Aus Essig, Öl, Senf, Worcestersauce, Sahne, Pfeffer, Salz und 2 EL Wasser eine Sauce rühren und über den Salat gießen. Eier halbieren, auf dem Salat verteilen und mit Sardellenfilets belegen.

Mein schneller Tag mit Trennkost

Joghurt-Früchte-Cocktail

E

Für 2 Portionen ► geht schnell 15 Min.

1 kleine Mango › 16 Trauben › 60 g Rote Bete (vakuumverpackt) › 4 EL Zitronensaft › 250 g Joghurt › 10 Tropfen Stevia flüssig oder 2 EL Ahornsirup › 2 EL Pinienkerne

Mango schälen, Fruchtfleisch vom Stein abschneiden und klein würfeln. Trauben waschen, halbieren und entkernen. Rote Bete in kleine Würfel schneiden. Alles miteinander vermischen und mit 2 EL Zitronensaft beträufeln. Joghurt mit dem restlichen Zitronensaft verrühren und mit Stevia bzw. Ahornsirup süßen. Joghurt und Früchte abwechselnd in 2 Dessertgläser schichten und mit Pinienkernen bestreut servieren.

Mittagessen

Schinken-Gemüse-Omelett

E

Für 2 Portionen ► preisgünstig
20 Min.

1 Salatgurke › 100 g rote Paprika › 80 g Schinken, z. B. Rinder-oder Putenlachsschinken › 4 große Eier › 1 EL Milch › 1 EL Öl › 4 EL Schnittlauchröllchen › Meersalz › Pfeffer

➤ Gurke schälen, in dünne Scheiben schneiden und leicht salzen. ➤ Paprika waschen, entkernen und fein würfeln. Schinken in kleine Stücke schneiden. ➤ Eier trennen. Eigelb mit Milch, Pfeffer und Salz schaumig schlagen. Eiklar steif schlagen und vorsichtig unter das Eigelb heben. ➤ Öl in einer beschichteten Pfanne erhitzen, Paprika und Schinken darin kurz anbraten, Eiermasse zugießen und bei niedriger Hitze stocken lassen. Die Pfanne mehrmals kurz hin und her rütteln, damit die Masse nicht anbäckt. ➤ Sobald das Omelett auf der unteren Seite gestockt und oben noch etwas cremig ist, den Schnittlauch darauf verteilen. Das fertige Omelett auf eine vorgewärmte Servierplatte gleiten lassen und zusammen mit den Gurkenscheiben servieren.

Abendessen

Bratkartoffeln mit Möhren-Dip

KH

Für 2 Portionen ► gelingt leicht
20 Min.

400 g Pellkartoffeln vom Vortag › 1 keine Zwiebel › 1 Stück Ingwer, walnussgroß › 2 EL Öl › 1 TL Ras el Hanout (Gewürz) › 1 TL Paprikapulver, edelsüß › 100 g Feta › 400 g Möhren › 2 Zweige Basilikum › 250 g körniger Frischkäse › Meersalz

➤ Kartoffeln pellen und in grobe Würfel schneiden. ➤ Zwiebel und Ingwer schälen und fein würfeln. Öl in einer beschichteten Pfanne erhitzen. Kartoffeln, Zwiebel und Ingwer zugeben, mit Ras el Hanout, Salz und Paprikapulver würzen und unter gelegentlichem Wenden knusprig braten. ➤ Kurz vor Ende der Garzeit Feta darüber zerbröseln und leicht schmelzen lassen. ➤ Möhren putzen, waschen und grob raspeln. Basilikumblättchen fein schneiden. Beides mischen, Frischkäse unterrühren und mit Salz fein würzen. Bratkartoffeln zusammen mit der Möhren- Frischkost servieren.

Rigatoni mit grünem Spargel

KH

Für 2 Portionen
► gelingt leicht
20 Min.

160 g Rigatoni-Nudeln (ohne Ei)
400 g grüner Spargel (tiefgekühlt)
1 kleines Bund Rucola
1 Tomate
3 EL Sahne
1 TL getrockneter Thymian
3 EL frisch geriebener Parmesan
Meersalz und Pfeffer

Nudeln in Salzwasser bissfest garen, beim Abgießen etwas Nudelwasser auffangen.
Spargel in kochendem Wasser 3–4 Min. blanchieren, dann eiskalt abbrausen. Rucola waschen. Tomate überbrühen, schälen und klein schneiden.
Sahne mit etwas Nudelwasser verrühren. Mit Pfeffer, Salz und Thymian würzen. Sauce mit den Nudeln mischen. Spargel, Rucola und Tomatenstücke dazu geben. Mit Parmesan bestreuen.

Nudeln, Reis & Co.

Penne mit Rucola und Schafskäse

KH

Für 2 Portionen ► gelingt leicht
20 Min.

160 g Penne-Nudeln
2 Knoblauchzehen
1 kleines Bund Rucola
6 Kirschtomaten
1 EL Olivenöl
100 g Schafskäse (Feta)
Meersalz
Pfeffer
10 Oliven

Nudeln in kochendem Salzwasser bissfest garen, dann abgießen und abtropfen lassen. Knoblauch schälen und in dünne Scheibchen schneiden. Rucola waschen, trocken schütteln, die harten Stiele abschneiden und die Blättchen in feine Streifen schneiden. Tomaten waschen und halbieren. Öl in einer beschichteten Pfanne erhitzen und Knoblauch darin goldgelb braten. Nudeln zugeben und kurz mitbraten lassen. Schafskäse darüberbröckeln und leicht schmelzen lassen. Alles mit Pfeffer und Salz würzen. Rucola unter die Nudeln mischen. Mit Tomaten und Oliven garniert servieren.

Makkaroni mit Walnusssauce

KH

Für 2 Portionen ► geht schnell
20 Min.

160 g Makkaroni (ohne Ei)
Meersalz
50 g Walnüsse
2 EL geriebener Parmesan
2 EL Olivenöl
2–3 Knoblauchzehen
3–4 EL gehackte Basilikumblättchen

Nudeln in reichlich Salzwasser bissfest garen. Nüsse mit Parmesan, Olivenöl, 8 EL Nudelwasser und dem geschälten Knoblauch mit dem Mixstab pürieren. Nudeln abgießen und heiß mit der Sauce verrühren. Mit Basilikumblättchen bestreut servieren.

Spiralnudeln im Käsemantel

KH

Für 2 Portionen ► gelingt leicht
20 Min.

160 g Spiralnudeln (ohne Ei)
1 EL Öl
125 g Zwiebelwürfel (tiefgekühlt)
80 g geriebener Greyerzer
2 EL gehackte Petersilie (tiefgekühlt)
Meersalz
Pfeffer

Nudeln in reichlich leicht gesalzenem Wasser bissfest garen, abgießen und gut abtropfen lassen. In der Zwischenzeit Öl in einer Pfanne erhitzen und Zwiebelwürfel darin goldgelb braten. Nudeln zu den Zwiebeln geben und kurze Zeit unter Rühren mitbraten. Mit Pfeffer und Salz würzen. Käse über die Nudeln streuen. Pfanne mit einem Deckel schließen und den Käse bei geringer Hitze schmelzen lassen. Mit Petersilie bestreut servieren.

Pasta con Pesto

KH

Für 2 Portionen ► geht schnell
15 Min.

160 g Hartweizennudeln (ohne Ei),
z. B. Tagliatelle
2–3 EL grünes Pesto (Glas)
500 g Tomaten
Meersalz
Pfeffer

Nudeln in reichlich leicht gesalzenem Wasser bissfest garen. Dann abgießen und gut abtropfen lassen. Pasta mit Pesto mischen. Tomaten waschen, Stielansätze entfernen und in schmale Spalten schneiden. Mit Pfeffer und Salz würzen. Zusammen mit den Nudeln servieren.

TIPP Pesto ist auch blitzschnell selbstgemacht: Für etwa 10 Portionen einfach folgende Zutaten fein pürieren: 1 Handvoll frische Basilikumblätter, 2–3 geschälte Knoblauchzehen, 2–3 EL geriebener Parmesan, 1 EL Pinienkerne, 50 g flüssige Butter und 100 ml Olivenöl. Fertig!

Warmer spanischer Nudelsalat

KH

Für 2 Portionen ► gelingt leicht
20 Min.

160 g Hartweizennudeln (ohne Ei), z. B. Trulli-Nudeln
1 EL Olivenöl
100 g Lauch (tiefgekühlt)
3 EL Mais (tiefgekühlt)
2 mittelgroße Fleischtomaten
Meersalz
Pfeffer
12 schwarze Oliven ohne Stein

➤ Nudeln in reichlich leicht gesalzenem Wasser bissfest garen, in ein Sieb gießen und abtropfen lassen. ➤ Öl in einer Pfanne erhitzen. Lauchstreifen und Mais darin unter Rühren 2–3 Min. braten. Nudeln unterrühren, dann alles von der Platte nehmen. ➤ Tomaten waschen, von Stielansätzen befreien und in kleine Stücke schneiden. Mit den Nudeln mischen. Alles mit Pfeffer und Salz würzen und mit Oliven garniert servieren.

Nudeln mit Rucola-Joghurt-Sauce

KH

Für 2 Portionen ► gelingt leicht
20 Min.

160 g Hartweizennudeln (ohne Ei), z. B. Penne
Meersalz
30 g Pinienkerne
1 Bund Rucola
40 g Parmesan
125 g Joghurt
1 EL Olivenöl
1–2 Knoblauchzehen

➤ Nudeln in reichlich leicht gesalzenem Wasser bissfest garen. ➤ Pinienkerne in einer Pfanne ohne Fett kurz rösten. Vom Rucola die harten Stiele entfernen und Blättchen waschen. Knoblauch schälen. ➤ Rucola, Parmesan, Joghurt, Olivenöl, Knoblauch, Salz und die Hälfte der Pinienkerne mit dem Mixstab pürieren. ➤ Nudeln in einem Sieb abgießen und mit der Sauce vermischen. Sofort mit den restlichen Pinienkernen bestreut servieren.

Warmer spanischer Nudelsalat

Tagliatelle mit Pfifferlingen

KH

Für 2 Portionen ► gelingt leicht
20 Min.

160 g Tagliatelle (ohne Ei)
1 EL Öl
2 EL Zwiebelwürfel (tiefgekühlt)
250 g Pfifferlinge (tiefgekühlt), ersatzweise Mischpilze oder Champignons
Pfeffer
Meersalz
2 EL gehackte Petersilie (tiefgekühlt)

Nudeln in reichlich leicht gesalzenem Wasser bissfest garen. Öl in einer Pfanne erhitzen und Zwiebelwürfel darin glasig dünsten. Pilze dazugeben und bei starker Hitze unter Rühren 5 Min. braten. Nudeln in einem Sieb abgießen und mit den Pilzen mischen. Alles mit Pfeffer und Salz würzen. Mit gehackter Petersilie bestreut servieren.

TIPP Essen Sie dazu einen neutralen Salat Ihrer Wahl.

Tagliatelle süditalienisch

KH

Für 2 Portionen ► gelingt leicht
15 Min.

160 g Tagliatelle (ohne Ei)
1 Eigelb
4 EL Sahne
3 EL geriebener Parmesan
1–2 Knoblauchzehen
Pfeffer
Meersalz
1 EL frischer oder 1 TL getrockneter Thymian

Nudeln in reichlich leicht gesalzenem Wasser bissfest garen. Anschließend abgießen, dabei etwas Nudelwasser auffangen und beiseitestellen. Knoblauch schälen und pressen. Eigelb mit Sahne, 4 EL Nudelwasser, 2 EL Parmesan, Knoblauch, Pfeffer, Salz und Thymian cremig verrühren. Sauce zusammen mit den Nudeln in eine Pfanne geben und unter Rühren einmal kurz erhitzen. Mit dem restlichen Käse bestreut servieren.

TIPP Essen Sie dazu einen neutralen Salat Ihrer Wahl.

Spargel-Pilz-Reis

KH

Für 2 Portionen ► gelingt leicht
20 Min.

120 g Naturreis (Kochbeutel, 10 Min.)
300 g grüner Spargel (tiefgekühlt)
200 g Pilzmischung (tiefgekühlt)
1 EL Butter
Meersalz
Pfeffer
etwas Worcestersauce
2 EL gehackte Petersilie (tiefgekühlt)

➤ Reichlich leicht gesalzenes Wasser in einem Topf zum Kochen bringen. Reis dazugeben und zugedeckt 10 Min. bei schwacher Hitze kochen lassen. Abgießen und gut abtropfen lassen. ➤ Spargel in Stücke schneiden. Spargelstücke und Pilze mit Butter in einer beschichteten Pfanne unter Wenden zart braun braten. ➤ Reis unterrühren und alles mit Pfeffer, Salz und einigen Spritzern Worcestersauce würzen. Mit Petersilie bestreut servieren.

Reisgratin

KH

Für 2 Portionen ► geht schnell
20 Min.

120 g Naturreis (Kochbeutel, 10 Min.)
1 EL Öl
1 EL Zwiebelwürfel (tiefgekühlt)
200 g Champignons in Scheiben (tiefgekühlt)
300 g rote Paprikastreifen (tiefgekühlt)
2 TL Curry
1 Msp. Cayennepfeffer
Meersalz
100 g geriebener Greyerzer-Käse

➤ Reichlich leicht gesalzenes Wasser in einem Topf zum Kochen bringen. Reis dazugeben und zugedeckt 10 Min. bei schwacher Hitze kochen lassen. Abgießen und gut abtropfen lassen. ➤ Öl in einer Pfanne erhitzen. Zwiebelwürfel, Pilze und Paprikastreifen darin unter Rühren dünsten. Backofen auf 160 °C vorheizen. ➤ Reis unter das Gemüse rühren. Mit Salz, Curry und Cayennepfeffer würzen. Die Mischung in eine Auflaufform füllen, Käse gleichmäßig darauf verteilen und im Ofen 12–15 Min. überbacken.

Schlesische Mohnnudeln

KH

Für 2 Portionen ► gelingt leicht
20 Min.

160 g Bandnudeln (ohne Ei)
2 EL Rosinen
1 TL Butter
4 EL Sojacreme
3 EL fein gemahlener Mohn
2 EL gehackte Nüsse, z. B. Mandeln, Hasel- oder Walnüsse
1 EL Honig

➤ Nudeln in reichlich leicht gesalzenem Wasser bissfest garen, dann abgießen und abtropfen lassen. ➤ Rosinen mit heißem Wasser übergießen, 2 Min. ziehen lassen, dann abgießen. ➤ Butter in einer Pfanne schmelzen lassen. Sojacreme, Mohn, Nüsse, Honig und Rosinen dazugeben und unter Rühren kurz erhitzen. Mit den Nudeln vermischen und sofort servieren.

TIPP Süße Nudeln sind ausgezeichnete Energiespender, allerdings auch sehr gehaltvoll. Darum sollte Ihre nächste Mahlzeit reichlich Gemüse enthalten.

Süße Apfelnudeln

KH

Für 2 Portionen ► gelingt leicht
20 Min.

160 g schmale Bandnudeln (ohne Ei)
2 EL Rosinen
1 abgelagerter, mürber Apfel
1 EL Butter
2 TL flüssiger Honig (optimal ist Rapshonig)
2 TL Zimt

➤ Nudeln in reichlich leicht gesalzenem Wasser bissfest garen, dann abgießen und abtropfen lassen. ➤ Rosinen mit heißem Wasser übergießen, 2 Min. ziehen lassen, dann abgießen. Apfel schälen, vierteln, das Kerngehäuse herausschneiden und die Viertel in kleine Würfel schneiden. ➤ Butter in einer Pfanne schmelzen lassen und Apfelstücke darin braten. Mit Honig süßen und Rosinen unterrühren. Alles mit den Nudeln mischen und mit Zimt bestäubt servieren.

Schlesische Mohnnudeln

Rosmarinkartoffeln mit Hüttenkäse

KH

Für 2 Portionen ► gelingt leicht
20 Min. + 20 Min. Backzeit

400 g kleine Kartoffeln
1 ½ EL Öl
1 kleiner Zweig Rosmarin
Meersalz
2 große Paprikaschoten
300 g Hüttenkäse

Backofen auf 200 °C vorheizen. Rosmarinnadeln sehr fein hacken. Kartoffeln waschen und der Länge nach halbieren. Ein Backblech mit Öl bestreichen. Rosmarin und Salz darauf verteilen und Kartoffeln mit der Schnittfläche auf das Blech setzen. Auf der mittleren Schiene etwa 20 Min. backen. Paprikaschoten halbieren, putzen, waschen und in schmale Streifen schneiden. Kartoffeln zusammen mit Hüttenkäse und Paprikastreifen servieren.

Bratkartoffeln mit Ziegenfrischkäse

KH

Für 2 Portionen ► geht schnell
15 Min.

400 g gekochte Pellkartoffeln vom Vortag
1 EL Butter
Pfeffer
Kräutersalz
100 g Ziegenfrischkäse
1 TL Rosenpaprika

Kartoffeln pellen und in kleine Würfel schneiden. Butter in einer beschichteten Pfanne schmelzen lassen, Kartoffelwürfel darin knusprig braten. Mit Pfeffer und Salz würzen. Ziegenfrischkäse auf die Kartoffeln geben und leicht anschmelzen lassen. Mit Paprikapulver bestäubt servieren.

TIPP Essen Sie dazu einen neutralen Salat Ihrer Wahl oder schneiden Sie sich einfach ein paar Tomaten oder Gurken dazu auf.

Majorankartoffeln mit Eisbergsalat

KH

Für 2 Portionen ► gelingt leicht
20 Min.

400 g gegarte Salzkartoffeln (vom Vortag)
1 kleine Zwiebel
2 ½ EL Olivenöl
Kräutersalz
Pfeffer
1 TL Majoran
1 Eisbergsalat
100 g Maiskörner (tiefgekühlt)
1 EL Obstessig
2 EL Crème fraîche

Kartoffeln in Stücke schneiden. Zwiebel schälen und fein hacken. Zwiebelwürfel in einer Pfanne mit 2 EL Öl andünsten. Kartoffeln hinzufügen, alles mit Kräutersalz, Pfeffer und Majoran würzen und goldgelb braten. Salat putzen, waschen und in mundgerechte Stücke schneiden. ½ EL Öl, Essig, Pfeffer und Salz zusammen mit 6 EL Wasser und den Maiskörnern verrühren. Die Salatsauce mit dem Salat vermischen. Auf die gebratenen Kartoffeln einen Klecks Crème fraîche geben und zusammen mit dem Salat servieren.

Folienkartoffeln mit feiner Kräutersauce

KH

Für 2 Portionen ► gelingt leicht
30 Min.

2 große Kartoffeln (200 g)
1 Bund gemischte Kräuter (z. B. Dill, Petersilie, Kerbel, Sauerampfer)
2 EL Crème fraîche
250 g griechischer Joghurt
1 TL Senf
Kräutersalz
außerdem: Alufolie

Kartoffeln waschen und mit Schale ca. 15 Min. halb gar kochen, dann abgießen und in Alufolie wickeln. Backofen auf 200 °C vorheizen. Folienkartoffeln im Backofen etwa 15 Min. garen. In der Zwischenzeit Kräuter waschen und sehr fein hacken. Die Crème fraîche mit Joghurt und Senf verrühren. Mit Kräutersalz würzen und die gehackten Kräuter untermischen. Die noch heißen Folienkartoffeln der Länge nach einschneiden (nicht durchschneiden), leicht auseinanderdrücken und mit etwas Kräutersauce füllen. Zusammen mit der restlichen Sauce servieren.

Gemüsesauté auf Couscous

KH

Für 2 Portionen ► braucht etwas mehr Zeit
25 Min.

2 EL Pinienkerne
100 g Couscous
etwas Kurkuma
300 ml Gemüsebrühe
1 Zucchini
1 rote Paprika
20 g getrocknete Tomaten
2 TL Butter
Meersalz

► Pinienkerne in einer Pfanne ohne Fett kurz rösten, dann beiseitestellen. ► Couscous zusammen mit Kurkuma in die Gemüsebrühe einstreuen, alles einmal aufkochen lassen, dann von der Herdplatte nehmen und zugedeckt 15 Min. ausquellen lassen. ► Zucchini und Paprika waschen, putzen und in kleine Würfel schneiden. Tomaten in kleine Streifen schneiden. Zucchini und Paprika in einer Pfanne mit Butter anschwitzen und mit Salz würzen. Tomatenstreifen dazugeben. ► Couscous als Kegel auf eine Platte geben, das Gemüse darauf anrichten und mit Pinienkernen bestreuen.

Sahniges Bulgur-Gemüse

KH

Für 2 Portionen ► gelingt leicht
25 Min.

100 g Bulgur
1 kleine Zwiebel
1 rote Paprika
1 EL Öl
250 g Champignons in Scheiben (tiefgekühlt)
1 TL Curry
Meersalz
Pfeffer
2 EL saure Sahne

► Bulgur in 275 ml kochendes Salzwasser geben und bei schwacher Hitze 15 Min. quellen lassen, bis das Wasser aufgesogen ist. Bulgur mit einer Gabel auflockern und beiseitestellen. ► Zwiebel schälen und fein hacken. Paprika waschen, halbieren, entkernen und klein würfeln. ► Öl in einer Pfanne erhitzen. Zwiebelwürfel darin glasig dünsten. Paprika und Pilze dazugeben und unter Rühren 8–10 Min. braten. ► Bulgur unter das Gemüse mischen. Mit Curry, Pfeffer und Salz würzen. Mit Sahne verfeinern und servieren.

Gemüsesauté auf Couscous

Kartoffelgratin

KH

Für 2 Portionen ► gut vorzubereiten
10 Min. + 15 Min. Backzeit

400 g Pellkartoffeln vom Vortag
100 ml Gemüsebrühe
80 ml Sahne
100 g geriebener Greyerzer-Käse
1 TL Majoran
1 Msp. Chili
1 Zweig Majoran

Kartoffeln pellen, in dünne Scheiben schneiden und dachziegelartig in eine flache Auflaufform schichten. Backofen auf 200 °C vorheizen. Gemüsebrühe mit Sahne aufkochen. Die Hälfte des Käses untermischen und alles mit Majoran und Chili würzen. Sauce über die Kartoffeln gießen. Den restlichen Käse gleichmäßig auf den Kartoffeln verteilen. Im Ofen etwa 15 Min. überbacken. Mit einem Zweig Majoran verziert servieren.

TIPP Essen Sie dazu einen neutralen Salat Ihrer Wahl.

Kartoffel-Hering-Salat

KH

Für 2 Portionen ► gelingt leicht
20 Min.

400 g kleine gegarte Pellkartoffeln
500 g Rote Bete (Vakuumpackung)
1 kleine Zwiebel
1 kleiner mürber Apfel
4 Matjesfilets
125 g Joghurt
2 EL saure Sahne
Pfeffer
Meersalz
1 EL Obstessig

Kartoffeln pellen. Kartoffeln und Rote Bete in kleine Würfel schneiden. Zwiebel schälen und fein hacken. Apfel waschen, vierteln, entkernen und ebenfalls klein würfeln. Von den Matjesfilets die kleinen Gräten entfernen, Fisch in kleine Stücke schneiden. Kartoffel-, Rote-Bete-, Zwiebel- und Apfelwürfel und den Fisch in einer Schüssel mischen. Joghurt mit saurer Sahne cremig verrühren und mit Pfeffer, Salz und Essig würzen. Den Heringssalat mit der Salatsauce vermischen. Leicht gekühlt servieren.

Schweizer Raclettepfanne

KH

Für 2 Portionen ► gelingt leicht
20 Min.

400 g Pellkartoffeln vom Vortag
80 g roher Rinderschinken am Stück
1 EL Öl
Pfeffer
Meersalz
1 TL Rosmarin
1 TL Thymian
150 g Schweizer Raclettekäse

Kartoffeln pellen und grob würfeln. Schinken in kleine Würfel schneiden. Öl in einer beschichteten Pfanne erhitzen und Kartoffeln bei starker Hitze unter Wenden braten. Mit Pfeffer, Salz, Rosmarin und Thymian würzen. Käse in kleine Stücke schneiden, gleichmäßig auf den Kartoffeln verteilen und die Pfanne mit einem Deckel schließen. Den Käse bei geringer Hitze schmelzen lassen. Mit den Schinkenwürfeln bestreut servieren.

Blumenkohl-Kartoffel-Pfanne mit Käse

KH

Für 2 Portionen ► preisgünstig
20 Min.

400 g gegarte Pellkartoffeln
700 g Blumenkohl (tiefgekühlt)
1 EL Butter
Meersalz
Pfeffer
100 g Greyerzer-Käse

Kartoffeln pellen und in Würfel schneiden. Blumenkohl in wenig Salzwasser 10–12 Min. bissfest garen, dann aus dem Wasser nehmen und gut abtropfen lassen. Butter in einer beschichteten Pfanne schmelzen lassen. Kartoffeln und Blumenkohl dazugeben, mit Pfeffer und Salz würzen und unter gelegentlichem Schwenken von allen Seiten anbraten. Mit Käse belegen und diesen zugedeckt bei schwacher Hitze schmelzen lassen.

Pellkartoffeln mit Lachscreme

KH

Für 2 Portionen ► gelingt leicht
25 Min.

400 g kleine Kartoffeln
150 g Quark (20 % Fett i. Tr.)
150 g griechischer Joghurt
Meersalz
2 EL gehackter Dill (tiefgekühlt)
100 g Räucherlachs

Kartoffeln waschen und ca. 20–25 Min. gar kochen. Quark mit Joghurt verrühren. Leicht salzen und Dill untermischen. Lachs in kleine Streifen schneiden und unter den Quark rühren. Kartoffeln pellen und mit der Lachscreme servieren.

Kartoffelbrei mit Sauerkraut

KH

Für 2 Portionen ► geht schnell
15 Min.

400 g Kartoffeln
1 TL Gemüsebrühe (instant)
5 EL Sahne
600 g Sauerkraut (frisch oder Konserve)
2 EL Holstener Liesl (pflanzliches Schmalz)
80 g Putenlachsschinken in Scheiben

Kartoffeln schälen, waschen, vierteln, in einen Topf geben, knapp mit Wasser bedecken und zusammen mit Gemüsebrühe in etwa 20 Min. gar kochen. Anschließend im eigenen Kochwasser stampfen und mit Sahne verfeinern. Sauerkraut mit 6 EL Wasser in einen Topf geben und zugedeckt etwa 5 Min. leise kochen lassen. Holstener Liesl einrühren und im Kraut schmelzen lassen. Kartoffelbrei und Kraut zusammen mit dem Putenlachsschinken servieren.

Pellkartoffeln mit Lachscreme

China-Mix-Reis

KH

Für 2 Portionen ► gelingt leicht
20 Min.

120 g Naturreis (10 Min.)
600 g Gemüsemischung China-Mix (tiefgekühlt)
Meersalz
Pfeffer
3 EL Sojasauce
12 Cashew-Kerne

► Reichlich leicht gesalzenes Wasser in einem Topf zum Kochen bringen. Reis dazugeben und zugedeckt 10 Min. bei schwacher Hitze kochen lassen. Abgießen und gut abtropfen lassen. ► Gemüse nach Packungsangabe zubereiten. Reis untermischen. Mit Pfeffer, Meersalz und Sojasauce würzen. Mit den Cashew-Kernen bestreut servieren.

TIPP Schöner wird Naturreis, wenn Sie ihn über Nacht einweichen, am nächsten Morgen kurz aufkochen lassen und dann in ein Handtuch gewickelt ausquellen lassen.

Curryreis mit Zucchini

KH

Für 2 Portionen ► gelingt leicht
20 Min.

120 g Naturreis (10 Min.)
600 g Zucchini
1 EL Öl
1 TL Curry
2 EL Sojasauce
Meersalz
Pfeffer
2 EL gehackte Petersilie (tiefgekühlt)

► Reichlich leicht gesalzenes Wasser in einem Topf zum Kochen bringen. Reis dazugeben und zugedeckt 10 Min. bei schwacher Hitze kochen lassen. Abgießen und gut abtropfen lassen. ► Zucchini waschen, von Blüten- und Stielansätzen befreien und in kleine Würfel schneiden. Öl in einer beschichteten Pfanne erhitzen und Zucchiniwürfel darin unter Rühren kräftig anbraten. ► Reis unterrühren und alles mit Curry, Sojasauce, Salz und Pfeffer würzen. Mit Petersilie bestreut servieren.

China-Mix-Reis

Trennkost & Thermomix – ein tolles Team

Schnell, einfach, schmackhaft, vitaminreich – mit wenig Aufwand viel erreichen! Unter diesem Motto stehen diese beiden pfiffigen Ernährungs- und Kochmethoden. Die Trennkost sorgt für die harmonische Verdauung, macht Speisen verträglicher und der Thermomix erhält Vitamine und Mineralstoffe durch kurze Garzeiten. Dieses Konzept bietet Ihnen in einzigartiger Weise die Möglichkeit, sich ohne großen Aufwand gesund zu ernähren.

Feine Koriander-Kohlrabisuppe

KH

Für 2 Portionen ► braucht etwas mehr Zeit 20 Min.

1 mittelgroße Zwiebel › 150 g Kartoffeln › 300 g Kohlrabi › 1 EL Butter › 500 ml Gemüsebrühe › 3 EL saure Sahne › 1 Bund Koriander (oder glatte Petersilie) › Pfeffer › Meersalz

➤ Zwiebel schälen und halbieren. Kartoffeln und Kohlrabi schälen und grob würfeln. ➤ Gemüsestücke in den Mixtopf geben und **3 Sek./Stufe 6** zerkleinern. Butter zugeben und **4 Min./Varoma/Stufe 2** dünsten. ➤ Mit Gemüsebrühe auffüllen und **15 Min./100 °C/Stufe 1** kochen lassen. ➤ Saure Sahne und Koriander zugeben und 15 Sek. steigernd bis Stufe 10 alles miteinander fein pürieren. Die Suppe mit Pfeffer und Salz abschmecken und mit Korianderblättchen garniert servieren.

Apfel-Nuss-Risotto

KH

Für 2 Portionen ► gelingt leicht
40 Min.

1 großer mürber Apfel › 2 EL Haselnusskerne › 2 TL Butter › 125 g Risottoreis › 325 ml Soja- oder Hafermilch › 2 EL Rosinen › 1 EL Honig › 1–2 TL Zimt

» Apfel schälen, vierteln, entkernen, in grobe Stücke schneiden. Zusammen mit den Haselnusskernen in den Mixtopf geben und **2 Sek./Stufe 5** zerkleinern. Alles mit dem Spatel nach unten schieben. » Butter und Risottoreis zugeben und **3 Min./Varoma/Stufe 1** dünsten. » Soja- oder Hafermilch durch die Öffnung zugießen und **5 Min./100°C/Stufe 1** garen, dabei den Messbecher nicht aufsetzen. » Hitze auf **80°C** zurückschalten. Rosinen und Honig zugeben und weitere **20 Min. im Linkslauf/Stufe 1** garen. » Risotto mit Zimt bestreut servieren.

Kurkuma-Gemüse mit Fleischklößchen

E

Für 2 Portionen ► gelingt leicht
20 Min.

300 g Möhren › 1 große rote Paprika › 50 ml Gemüsebrühe › 1 EL Kokosöl › 2 TL Kurkuma, gemahlen › 1 EL Balsamico-Essig › 1 TL Senf › 1 TL Honig › 1 EL Sojasauce › 1 TL Sambal Oelek › 3 EL Joghurt › 300 g Rinderhackfleisch › Pfeffer › Meersalz › 2 EL Olivenöl › 1 kleiner Zweig Minzeblättchen

» Möhren schälen, Paprika putzen, beides in grobe Stücke schneiden. Das Gemüse zusammen mit der Gemüsebrühe in den Mixtopf geben und **4 Sek./Stufe 5** zerkleinern. » Kokosöl zugeben und **10 Min./Varoma/Stufe 1** dünsten. » Kurkuma, Essig, Senf, Honig, Sojasauce, Sambal Oelek und Joghurt zugeben und alles **10 Sek./Stufe 3/Linkslauf** miteinander vermischen. » Hackfleisch mit Pfeffer und Salz würzen. Aus dem Fleischteig kleine Bällchen formen und im heißen Öl ausbacken. » Gemüse mit gehackter Minze bestreuen und zusammen mit den Fleischklößchen servieren.

Roastbeef mit Mais-Salat

E

Für 2 Portionen ► geht schnell 15 Min.

300 g grüne Paprikastreifen (tiefgekühlt)
200 g Maiskörner (tiefgekühlt)
2 Tomaten
1 EL Balsamico-Essig
1 EL Öl
Pfeffer
Meersalz
160 g Roastbeef in dünnen Scheiben
2 TL Meerrettich (Glas)

➤ Paprika und Mais auftauen lassen. ➤ Tomaten waschen, von den Stielansätzen befreien und in kleine Würfel schneiden. Paprika, Mais und Tomatenwürfel in einer Schüssel mischen und mit Essig, Öl, Pfeffer und Salz würzen. ➤ Roastbeefscheiben dekorativ auf zwei Tellern anrichten. Zusammen mit Salat und Meerrettich servieren.

Fleisch, Fisch & Ei

Apfelrotkohl mit Bratwurst

E

Für 2 Portionen ► geht schnell
15 Min.

700 g Apfelrotkohl (tiefgekühlt)
2 TL Öl
4 Geflügelbratwürste
2 TL Senf

Apfelrotkohl zusammen mit 3 EL Wasser in einem Topf bei geringer Hitze auftauen lassen. Anschließend einmal aufkochen. In der Zwischenzeit Öl in einer Pfanne erhitzen und die Bratwürste darin von allen Seiten braun braten. Zusammen mit Senf und Gemüse servieren.

Kalbsschnitzel sizilianisch

E

Für 2 Portionen ► gelingt leicht
20 Min.

4 dünne Kalbsschnitzel
Pfeffer
Meersalz
1 TL Oregano
1–2 Knoblauchzehen
1 EL Butter
2 EL Zwiebelwürfel (tiefgekühlt)
200 g Champignons in Scheiben (tiefgekühlt)
400 g Paprikastreifen (tiefgekühlt)
100 ml trockener Weißwein
einige Blättchen Basilikum

Fleisch waschen, trocken tupfen, mit Pfeffer, Salz und Oregano würzen. Knoblauch in einer Pfanne mit Butter kurz braten, dann herausnehmen. Die Schnitzel von jeder Seite 2 Min. braten, dann herausnehmen. Zwiebelwürfel, Champignons und Paprika im restlichen Bratfett unter Rühren dünsten. Wein dazugießen, bei mittlerer Hitze kochen, bis sich die Flüssigkeit auf die Hälfte reduziert hat. Mit Pfeffer und Salz würzen. Knoblauch und Fleisch zum Gemüse geben. Kurz erwärmen. Mit Basilikum garnieren.

Brathähnchen mit Gurkengemüse

E

Für 2 Portionen ► gelingt leicht
20 Min.

1 große Salatgurke
1 TL Öl
2 EL Zwiebelwürfel (tiefgekühlt)
2 EL saure Sahne
Pfeffer
Meersalz
2 EL gehackter Dill (tiefgekühlt)
2 halbe gegrillte Hähnchen (fertig vom Imbiss)

Gurke schälen und in kleine Würfel schneiden. Öl in einer Pfanne erhitzen und Zwiebelwürfel darin unter Rühren glasig dünsten. Gurkenwürfel dazugeben und unter Rühren etwa 5 Min. schmoren lassen. Saure Sahne unterrühren, mit Pfeffer und Salz würzen und mit gehacktem Dill bestreuen. Zusammen mit den halben Hähnchen servieren.

TIPP Bereiten Sie das Gurkengemüse rechtzeitig zu, damit es fertig ist, bevor Sie das Grillhähnchen besorgen.

Frikadellen auf Erbsen-Möhren-Spiegel

E

Für 2 Portionen ► gelingt leicht
20 Min.

1 EL Butter
600 g Erbsen-Möhren-Gemüse (tiefgekühlt)
100 ml Gemüsebrühe
Pfeffer
Meersalz
2 EL gehackte Petersilie (tiefgekühlt)
2 fertige Frikadellen
2 TL Senf

Butter in einem Topf schmelzen lassen und Gemüse darin unter Rühren andünsten. Brühe zugießen und zugedeckt etwa 10 Min. leise kochen lassen. Mit Pfeffer und Salz abschmecken. Gemüse mit der gehackten Petersilie bestreuen und zusammen mit Frikadellen und Senf servieren.

TIPP Frikadellen kann man auch leicht selbst machen: 350 g Rinderhackfleisch mit einem kleinen Ei, Pfeffer, Salz, Zwiebelwürfeln und einer geraspelten Möhre mischen. Aus dem Fleischteig Frikadellen formen und im heißen Öl ausbacken.

Saltimbocca mit Pilz-Lauch-Gemüse

E

Für 2 Portionen ► gelingt leicht
20 Min.

300 g Champignons in Scheiben (tiefgekühlt)
300 g Lauch (tiefgekühlt)
1 EL Öl
4 dünne Kalbsschnitzel à 90 g
12 Salbeiblätter
4 Scheiben Rinderschinken
1 EL Butter
2 EL Rotwein
Pfeffer
Salz

Champignons und Lauch in einer Pfanne mit Öl unter Rühren kräftig anbraten. Mit Pfeffer und Salz würzen und 8–10 Min. schmoren lassen. Kalbsschnitzel flach klopfen. Salbeiblätter und Schinken in einer Pfanne mit Butter kurz braten, dann herausnehmen. Das Fleisch im restlichen Bratfett von jeder Seite etwa 2 Min. braten. Mit Pfeffer und Salz würzen. Schinken und Salbei auf dem Fleisch verteilen. Den Bratfond mit Rotwein und 1 EL Wasser löschen. Zusammen mit dem Gemüse servieren.

Rindergeschnetzeltes im Gemüsebett

E

Für 2 Portionen ► gelingt leicht
20 Min.

300 g Rindfleisch aus der Hüfte
300 g Paprikastreifen (tiefgekühlt)
350 g Brokkoli (tiefgekühlt)
1 EL Öl
5 EL Sojasauce
Pfeffer
100 g Sprossen, z. B. Sojabohnensprossen

Fleisch in schmale Streifen schneiden. Paprika und Brokkoli in kochendem Wasser 2–3 Min. blanchieren, dann herausnehmen und gut abtropfen lassen. Öl in einem Wok oder einer Pfanne erhitzen. Fleisch darin unter Rühren kräftig anbraten. Gemüse dazugeben und weitere 3–4 Min. braten. Mit Sojasauce und Pfeffer würzen. Mit den Sprossen bestreut servieren.

Saltimbocca mit Pilz-Lauch-Gemüse

Brokkoli-Blumenkohl-Bolognese

E

Für 2 Portionen ► gelingt leicht
20 Min.

300 g Brokkoli (tiefgekühlt)
300 g Blumenkohl (tiefgekühlt)
Meersalz
2 EL Zwiebelwürfel (tiefgekühlt)
1 EL Öl
300 g Rinderhackfleisch
400 g stückige Tomaten (Dose)
1 EL Gemüsebrühe (instant)
je 1 TL Oregano und Rosmarin
Paprikapulver, edelsüß
1 Msp. Cayennepfeffer
2 EL saure Sahne

Brokkoli und Blumenkohl in Salzwasser nach Packungsangaben garen. Zwiebelwürfel in einer Pfanne mit Öl glasig dünsten. Hackfleisch dazugeben und scharf anbraten. Tomatenstücke unterrühren und alles aufkochen lassen, mit etwas Wasser verdünnen. Die Hackfleischsauce mit Gemüsebrühe und Gewürzen abschmecken und mit saurer Sahne verfeinern. Das abgetropfte Gemüse zusammen mit der Sauce servieren.

Lammkoteletts mit Ofenpaprika

E

Für 2 Portionen ► gelingt leicht
20 Min.

2–3 Knoblauchzehen
3 Paprikaschoten
2 ½ EL Olivenöl
6 Lammkoteletts
Meersalz
Pfeffer

Knoblauch schälen und fein hacken. Paprikaschoten waschen, halbieren, entkernen und in breite Streifen schneiden. Gemüse auf ein Backblech legen, mit 2 EL Öl beträufeln, salzen und mit der Hälfte des Knoblauchs würzen. Im Backofen bei 180 °C etwa 12–15 Min. garen. Das Fleisch mit Pfeffer, Salz und restlichem Knoblauch würzen. ½ EL Öl in einer Pfanne erhitzen und die Lammkoteletts darin von jeder Seite 3–4 Min. braten. Zusammen mit den Paprikastreifen servieren.

Rotkohl mit Geflügelleber

E

Für 2 Portionen ► gelingt leicht
20 Min.

600 g Rotkohl (tiefgekühlt)
1 kleiner säuerlicher Apfel
350 g Geflügelleber
1 EL Öl
3 EL Zwiebelwürfel (tiefgekühlt)
50 ml Rotwein
2 EL Sahne
Pfeffer
Meersalz

► Rotkohl zusammen mit 3 EL Wasser bei geringer Hitze auftauen lassen. Anschließend einmal aufkochen. ► Apfel schälen, das Kerngehäuse entfernen und das Fruchtfleisch in Würfel schneiden. ► Zwiebel- und Apfelwürfel in einer Pfanne mit Öl unter Rühren anbraten. Leber dazugeben und von beiden Seiten scharf anbraten. Rotwein zugießen und bei mittlerer Hitze 3–5 Min. leise kochen lassen. ► Die Sauce mit Sahne verfeinern und mit Pfeffer und Salz abschmecken. Zusammen mit dem Rotkohl servieren.

Pfefferrahmschnitzel mit Bohnensalat

E

Für 2 Portionen ► gelingt leicht
20 Min.

700 g grüne Bohnen (tiefgekühlt)
1 EL Essig
2 EL Öl
1 kleine rote Zwiebel
2 Schnitzel (à 150 g), z. B. Hähnchen, Pute oder Kalb
6 EL Sahne
1–2 EL grüne und rote Pfefferkörner
Meersalz
Pfeffer

► Bohnen in Salzwasser 10–12 Min. garen. Anschließend aus dem Wasser nehmen, Kochwasser aufbewahren. ► Zwiebel schälen und fein hacken. Essig, 1 EL Öl, 4 EL Bohnenbrühe und Zwiebelwürfel miteinander verrühren. Die Bohnen mit dem Dressing, Pfeffer und Salz mischen und kalt stellen. ► Schnitzel mit Pfeffer und Salz würzen. 1 EL Öl in einer Pfanne erhitzen. Fleisch darin von jeder Seite etwa 3–4 Min. braten. Sahne und 5 EL Wasser angießen, kurz aufkochen lassen und Pfefferkörner dazugeben. Zusammen mit dem Bohnensalat servieren.

Grüne-Bohnen-Eintopf mit Hackfleisch

E

Für 2 Portionen ► geht schnell
20 Min.

500 g grüne Bohnen (tiefgekühlt)
1 Zweig frisches Bohnenkraut oder
1 TL getrocknetes Bohnenkraut
1 EL Öl
300 g Rinderhackfleisch
300 g stückige Tomaten (Dose)
1–2 EL Tomatenmark
100 ml Gemüsebrühe
1 Msp. Chili
1 TL Thymian
Meersalz

Salzwasser zum Kochen bringen. Bohnen und Bohnenkraut dazugeben und Bohnen in 8–10 Min. bissfest garen. Gemüsewasser abgießen und Bohnenkraut entfernen. Öl in einem Topf erhitzen und Hackfleisch darin krümelig anbraten. Tomatenstücke, Tomatenmark und Bohnen dazugeben und mit Gemüsebrühe auffüllen. Mit etwas Salz, Chili und Thymian würzen. Zugedeckt 3–5 Min. leise kochen lassen. Heiß servieren.

Schinken-Käse-Schnitzel mit Chicorée

E

Für 2 Portionen ► gelingt leicht
20 Min.

2 Hähnchenschnitzel à 180 g
2 EL Sonnenblumenöl
2 Scheiben Rinderschinken
50 g Käse zum Überbacken,
z. B. Gouda oder Edamer
3 Stauden Chicorée
1 EL feiner Essig, z. B. weißer
Balsamico-Essig
Meersalz
Pfeffer

Hähnchenschnitzel mit Pfeffer und Salz würzen. Dann in einer Pfanne mit 1 EL Öl 3–4 Min. braten, wenden, mit Schinken und Käse belegen. Die Pfanne mit einem Deckel schließen und bei geringer Hitze weitere 5 Min. braten, bis der Käse geschmolzen ist. Chicorée waschen, putzen, halbieren, den mittleren Strunk keilförmig herausschneiden und die Hälften in feine Streifen schneiden. Mit 1 EL Öl und Essig beträufeln, leicht salzen und pfeffern und zusammen mit dem Fleisch servieren.

Grüne-Bohnen-Eintopf mit Hackfleisch

Roter Heringssalat auf Radicchio

KH

Für 2 Portionen ► geht schnell
10 Min.

1 Radicchio
300 g roter Heringssalat (aus dem Kühlregal)
2 Scheiben Schwarzbrot

Vom Salat die einzelnen Blätter abzupfen, waschen und gut abtropfen lassen. Anschließend dekorativ auf einer Platte anrichten. Den Heringssalat in die Mitte geben und zusammen mit dem Schwarzbrot servieren.

Scholle in Orangensauce mit Gurkensalat

E

Für 2 Portionen ► gelingt leicht
20 Min.

1 Salatgurke
2 EL Essig
5 EL Sojacreme
1 EL Zwiebelwürfel (tiefgekühlt)
Pfeffer
Meersalz
2 EL gehackter Dill (tiefgekühlt)
2 Schollenfilets à 200 g
1 EL Öl
80 ml Orangensaft

Gurke schälen, in feine Scheiben hobeln, dann leicht salzen. Essig mit 5 EL Wasser und 2 EL Sojacreme mischen. Zwiebelwürfel und Gurkenscheiben dazugeben, mit Pfeffer und Dill würzen. Fisch waschen, trocken tupfen, mit Pfeffer und Salz würzen, dann in einer Pfanne mit Öl von beiden Seiten je 3–4 Min. braten. Orangensaft und 3 EL Sojacreme einrühren. Alles kurz aufkochen lassen und die Sauce mit Pfeffer und Salz abschmecken. Zusammen mit dem Gurkensalat servieren.

Dorade mit Roter Bete und Meerrettich

E

Für 2 Portionen ► braucht etwas mehr Zeit
15 Min. + 20 Min. Garzeit

2 Doraden
2 EL Zitronensaft
je 2 TL Oregano, Thymian und Rosmarin
2 EL Öl
4 Knollen Rote Bete (Vakuumpackung)
2 EL Essig
Pfeffer
Meersalz
2 TL Meerrettich (Glas)
außerdem: Alufolie (extra stark)

Den gesäuberten Fisch mit Zitronensaft beträufeln und mit Salz und Kräutern würzen. Zwei große Stücke Alufolie passend mit Backpapier auslegen, mit je 1 TL Öl bepinseln und Fische darin einwickeln. Folie verschließen und alles im Backofen bei 200 °C etwa 20 Min. backen. Rote Bete in dünne Scheiben schneiden. Mit Essig, 1 EL Öl, Pfeffer und Meersalz marinieren. Fische aus der Folie nehmen, häuten und entgräten. Zusammen mit der Roten Bete und Meerrettich servieren.

Fisch mit Rosenkohl und Kräuterbutter

E

Für 2 Portionen ► geht schnell
15 Min.

600 g Rosenkohl (tiefgekühlt)
400 g Fischfilet, z. B. Scholle, Kabeljau, Rotbarsch
Meersalz
Pfeffer
1 EL Öl
2 EL Kräuterbutter

Rosenkohl in leicht gesalzenem kochendem Wasser nach Packungsangaben bissfest garen. Fisch waschen, trocken tupfen, eventuelle Gräten entfernen, dann mit Pfeffer und Salz würzen. Öl in einer beschichteten Pfanne erhitzen und den Fisch darin bei mittlerer Hitze von jeder Seite 4–6 Min. braten. Rosenkohl aus dem Wasser nehmen. Zusammen mit dem Fisch und der Kräuterbutter servieren.

Fischfilet mit Kokos-Romanesco

E

Für 2 Portionen ► gelingt leicht
20 Min.

2 Fischfilets à 180 g, z. B. Wolfsbarsch, Kabeljau oder Sankt Petersfisch (tiefgekühlt)
700 g Romanesco (tiefgekühlt)
3 EL gehackte Zwiebeln (tiefgekühlt)
1 EL Öl
200 ml Kokosmilch (Dose)
1 TL Gemüsebrühe (instant)
1 TL Curry
1 Msp. Cayennepfeffer
Meersalz

Fischfilets auftauen lassen. Romanesco in Salzwasser nach Packungsangaben garen. Zwiebeln in einer Pfanne mit Öl kurz dünsten. Mit Kokosmilch ablöschen und mit Gemüsebrühe, Curry und Cayennepfeffer würzen. Sauce einmal aufkochen lassen, dann die Hitze reduzieren. Fischfilets in die Sauce legen und etwa 8 Min. gar ziehen lassen. Gemüse aus dem Wasser nehmen und mit Fisch und Sauce servieren.

Scholle mit Spargel und Meerrettichsauce

E

Für 2 Portionen ► gelingt leicht
20 Min.

700 g weißer Stangenspargel (tiefgekühlt)
2 EL Crème fraîche
125 g griechischer Joghurt
2 TL Meerrettich (Glas)
2 EL Zitronensaft
Kräutersalz
2 EL gehackter Dill (tiefgekühlt)
2 Schollenfilets à 180 g
1 EL Butter
Meersalz
Pfeffer

Leicht gesalzenes Wasser in einem Topf zum Kochen bringen und Stangenspargel nach Packungsanleitung zubereiten. Joghurt mit Crème fraîche, Meerrettich, Zitronensaft und Kräutersalz verrühren. Die Sauce mit Dill mischen. Fisch waschen, trocken tupfen, mit Pfeffer und Salz würzen, dann in einer Pfanne mit Butter von beiden Seiten je 3–4 Min. braten. Spargel aus dem Wasser nehmen und gut abtropfen lassen. Zusammen mit dem Fisch und der Sauce servieren.

Fischfilet mit Kokos-Romanesco

Peperonata mit Meeresfrüchten

E

Für 2 Portionen ► gelingt leicht
20 Min.

350 g gemischte Meeresfrüchte (tiefgekühlt)
2 EL Zwiebelwürfel (tiefgekühlt)
2 EL Olivenöl
350 g Paprikastreifen (tiefgekühlt)
400 g stückige Tomaten (Dose)
Meersalz
1–2 Knoblauchzehen
einige Blättchen Basilikum

Die Meeresfrüchte auftauen. Zwiebelwürfel in einer Kasserolle mit 1 EL Öl glasig dünsten. Paprikastreifen dazugeben und kurz mitschmoren lassen. Tomatenwürfel dazugeben und alles mit Salz abschmecken. Zugedeckt 10 Min. leise kochen lassen. Knoblauch schälen und grob hacken. In einer Pfanne 1 EL Öl erhitzen. Knoblauch und Meeresfrüchte dazugeben und unter Wenden 3–4 Min. scharf braten. Mit Salz würzen. Peperonata mit Basilikum garnieren und zusammen mit den Meeresfrüchten servieren.

Gebratene Forelle mit Kaiserschoten

E

Für 2 Portionen ► gelingt leicht
20 Min.

2 küchenfertige Forellen
1 kleines Ei
3 EL fein gemahlene Mandeln
2 EL Öl
600 g Kaiserschoten
2 EL Butter
Pfeffer
Meersalz

Fisch kurz abwaschen, mit Küchenpapier trocken tupfen und mit Pfeffer und Salz würzen. Ei verquirlen. Fisch erst im Ei, dann in den Mandeln wenden. Öl in einer Pfanne erhitzen und den Fisch darin von beiden Seiten je 6–8 Min. sanft braten. Kaiserschoten in kochendes Salzwasser geben, aufkochen lassen und einige Minuten darin ziehen lassen. Anschließend in einem Sieb abgießen. Butter in einer kleinen Pfanne aufschäumen und sofort über das Gemüse geben. Gemüse zusammen mit dem Fisch servieren.

Bratfisch mit italienischem Gemüse

E

Für 2 Portionen ► gelingt leicht
20 Min.

400 g Fischfilet, z. B. Scholle, Rotbarsch oder Seezunge
Meersalz
Pfeffer
1 kleines Ei
2 EL Sesam
1 ½ EL Öl
600 g italienisches Pfannengemüse (tiefgekühlt)
1–2 TL Gemüsebrühe (instant)
2 EL Crème fraîche

Fisch waschen, mit Küchenpapier trocken tupfen, salzen und pfeffern. Ei verquirlen. Fisch erst im Ei, dann im Sesam wenden. Öl in einer Pfanne erhitzen und den Fisch darin von beiden Seiten je 5–6 Min. sanft braten. Gemüse nach Packungsanweisung in einer Pfanne erhitzen. Mit Gemüsebrühe und Pfeffer abschmecken und nach Belieben mit Crème fraîche verfeinern. Gemüse zusammen mit dem Fisch servieren.

Gegrillter Lachs mit Knoblauch-Butter

E

Für 2 Portionen ► gelingt leicht
20 Min.

2 Lachssteaks à 200 g
2 EL weiche Butter
Meersalz
1 EL gehackter Dill (tiefgekühlt)
1 kleine Knoblauchzehe
2 Scheiben Zitrone

Lachssteaks kurz mit Wasser abspülen und trocken tupfen. Butter mit Salz, Dill und fein gehacktem Knoblauch mischen. Eine Alufolie auf den Grillrost legen. Die Lachssteaks darauflegen und mit der Hälfte der gewürzten Butter bestreichen. Den Fisch 6–8 Min. grillen, dann umdrehen, mit der restlichen Butter bepinseln und nochmals 6–8 Min. grillen. Den Fisch mit Zitronenscheiben garniert servieren.

TIPP Essen Sie dazu einen neutralen Salat Ihrer Wahl.

Garnelen auf fruchtigem Salat

E

Für 2 Portionen ► gelingt leicht
20 Min.

1 kleiner Eisbergsalat
1 Salatgurke
2 Orangen
80 ml frisch gepresster Orangensaft
125 g Joghurt
Cayennepfeffer
Kräutersalz
1 EL Öl
250 g küchenfertige Garnelen

Eisbergsalat vierteln, waschen und in mundgerechte Stücke teilen. Gurke schälen und fein würfeln. Orangen schälen und Fruchtfleisch in kleine Stücke schneiden. Salat, Gurkenwürfel und Orangenstücke mischen und auf einer Salatplatte anrichten. Aus Orangensaft, Joghurt, Cayennepfeffer und Salz eine Sauce rühren und über den Salat gießen. Öl in einer Pfanne erhitzen und die Garnelen darin von jeder Seite 2 Min. braten. Zusammen mit dem Salat servieren.

Lachs mit Endivien und Sauerrahmsauce

E

Für 2 Portionen ► gelingt leicht
20 Min.

400 g Lachsfilet
Meersalz
1 Endiviensalat
100 ml Gemüsebrühe
1 TL Zitronensaft
Kräutersalz
4 EL Sauerrahm
1 EL gehackter Dill (tiefgekühlt)

Lachs kurz waschen, trocken tupfen und mit Meersalz bestreuen. Die Außenblätter vom Endiviensalat säubern, in grobe Stücke schneiden, dann in eine Pfanne legen. Brühe dazugießen und das Fischfilet auf die Salatblätter legen. Die Pfanne schließen, und den Fisch bei geringer Hitze in 10–12 Min. garen. Den restlichen Salat putzen, waschen, abtropfen lassen und in schmale Streifen schneiden. Für die Sauce den Zitronensaft mit 2 EL Wasser, Kräutersalz und Sauerrahm kräftig verschlagen und gehackten Dill unterrühren. Fisch aus der Pfanne heben und zusammen mit dem Salat und der Sauce servieren.

Garnelen auf fruchtigem Salat

Schwertfisch in Knoblauch mit Salatherzen

E

Für 2 Portionen ► geht schnell
15 Min.

2 Scheiben Schwertfisch à 200 g
Pfeffer
Meersalz
1–2 Knoblauchzehen
2 EL Olivenöl
4 Salatherzen
1 EL weißer Balsamico-Essig

Fisch waschen und trocken tupfen. Mit Pfeffer und Salz würzen. Knoblauch schälen, die mittleren Keime entfernen, dann die Zehen fein hacken. 1 EL Olivenöl in einer Pfanne erhitzen. Knoblauch und Fisch darin von beiden Seiten je 3–4 Min. braten. Salatherzen der Länge nach vierteln, waschen und abtropfen lassen. Den Salat dekorativ auf einer Platte anrichten, mit 1 EL Öl und Essig beträufeln, leicht salzen und pfeffern und zusammen mit dem Schwertfisch servieren.

Blumenkohl mit Eiersauce

E

Für 2 Portionen ► geht schnell
15 Min.

700 g Blumenkohl (tiefgekühlt)
4 Eier
100 g saure Sahne
200 g Joghurt
1 TL Senf
Kräutersalz
1 Päckchen Salatkräuter (tiefgekühlt)

Blumenkohl nach Packungsanweisung zubereiten. Eier hart kochen, mit kaltem Wasser abschrecken, pellen und in feine Scheiben schneiden. Saure Sahne mit Joghurt, Senf und Salz gut verrühren. Kräuter und Eierscheiben untermischen. Blumenkohl aus dem Wasser nehmen und zusammen mit der Sauce anrichten.

Eier in Joghurt-Sauce auf Blattsalat

E

Für 2 Portionen ► geht schnell
15 Min.

1 Kopfsalat
4 Eier
80 g saure Sahne
180 g Joghurt
3 EL Milch
2 TL Senf
Pfeffer
Kräutersalz
1 Päckchen gemischte Kräuter (tiefgekühlt)

Salat putzen, waschen und in mundgerechte Stücke zupfen. Eier hart kochen, mit kaltem Wasser abschrecken, danach pellen und in Scheiben schneiden. Saure Sahne mit Joghurt, Milch, Senf, Pfeffer und Salz gut verrühren, Kräuter untermischen. Die Eier mit der Sauce mischen. Kopfsalat auf zwei Tellern anrichten und zusammen mit dem Eiersalat servieren.

Pilz-Omelett mit Tomaten

E

Für 2 Portionen ► geht schnell
15 Min.

1 EL Zwiebelwürfel (tiefgekühlt)
2 TL Butter
200 g Champignons in Scheiben (tiefgekühlt)
4 große Eier
3 EL Mineralwasser
Pfeffer
Meersalz
3 EL gehackte Petersilie (tiefgekühlt)
2 Tomaten

Zwiebelwürfel in einer Pfanne mit Butter glasig dünsten. Pilze hinzufügen und alles unter Rühren 5 Min. schmoren lassen. Eier trennen. Eigelb in eine Schüssel geben und mit Mineralwasser, Pfeffer und Salz schaumig aufschlagen. Petersilie unterrühren. Eiklar salzen, steif schlagen und unter das Eigelb heben. Die Eiermasse zu den Pilzen geben. Sobald die Unterseite eine feste Konsistenz hat, das Omelett mithilfe eines Deckels wenden und fertig garen. Tomaten waschen, aufschneiden und zusammen mit dem Omelett servieren.

So verführe ich meinen Mann zur Trennkost

Männer wollen frei entscheiden

Es gibt zwei Dinge, die Mann gar nicht gerne mag: erstens missioniert und zweitens bevormundet zu werden. Eine plumpe Umerziehung in Sachen Essverhalten führt immer zu Widerstand und endet mit der gegenteiligen Reaktion: nämlich mit massiver Ablehnung. Die bessere Taktik ist, mit weiblicher Raffinesse und Fingerspitzengefühl vorzugehen, um mit ein paar Tricks sein Leben gesünder zu gestalten.

Machen Sie ihm den Mund wässrig

Sprechen Sie nicht über gesundes Essen, als wäre es eine Tugend, und machen Sie sich auch nicht so viele Gedanken, wenn er am Abend statt des Salattellers lieber eine Pizza isst. Bleiben Sie gelassen und bereiten Sie sich Ihr Trennkost-Lieblingsessen zu. Jetzt kann es Ihnen allerdings passieren, dass Mann probieren möchte, und ehe Sie es richtig begreifen, will er von diesem leckeren Essen auch etwas abhaben.

Ein T-Bone-Steak lässt seine Augen leuchten

An einfachen Ratschlägen hat Mann kein Interesse, ihn können nur Taten überzeugen. Darum freuen Sie sich über das Strahlen in seinen Augen beim Anblick eines prächtigen Stücks Steak. Was Mann nicht weiß: Zusammen mit einem Salat ist es eine leichte Trennkost-Mahlzeit.

Ein Mann muss beißen und kauen können

Glitschig zerkochtes Gemüse wird von Männern oftmals abgelehnt. Beobachten Sie Ihren Gemüsemuffel und finden Sie heraus, welche Sorten er akzeptiert! Experimentieren Sie mit frischen Kräutern und Gewürzen und garen Sie das Grünzeug bissfest. Schmackhaft zubereitet, gibt es keinen Grund mehr Gemüse zu meiden.

Abwechslung macht Freude

Jeden Tag Fleisch, fette Wurst und Fast Food – das kann auf Dauer unmöglich gut sein. Ein Blick in die Trennkostküche macht Spaß und vergrößert ganz unkompliziert die Vielfalt auf dem Teller. Bei so viel Abwechslung ist ganz sicher auch für Ihren Mann etwas dabei.

Ein bunter Knabberteller lockt zum Naschen

Es zahlt sich aus, wenn Sie ihn ein wenig betüddeln. Statt der verlockenden Chipstüte am Abend überraschen Sie ihn doch mal mit einem bunt belegten Knabberteller, auf dem sich frische Gemüsestückchen, Apfelspalten (natürlich ohne Schale), ein paar Nüsse und etwas Käse befinden.

Werden Sie gemeinsam aktiv

Zusammen schnippeln, braten und rühren kann richtig Spaß machen. Lassen Sie sich doch mal beim Kochen helfen und zaubern Sie gemeinsam ein leckeres Menü. Wenn Sie ihn dann auch noch für sein Kochtalent bewundern und loben, gewinnen Sie ganz leicht die Gunst Ihres Mannes. Ganz nebenbei wird sein Interesse an kreativem Essen geweckt und er möchte vielleicht selbst einmal Neues ausprobieren.

Haben Sie Geduld

Männer brauchen manchmal länger, um gesundes Essen zu akzeptieren. Gemüse und Salat passen zum Beispiel nicht so gut in ihr Konzept. Trotzdem lohnt es sich, es Ihrem Mann immer wieder anzubieten. Bleiben Sie am Ball und geben Sie nicht gleich auf, auch wenn ihm das Bulgur-Gemüse nicht so sehr zusagt. Bieten Sie ihm beim nächsten Mal ein etwas deftigeres Trennkost-Essen an. Mit Ausdauer und Gelassenheit erreichen Sie Ihr Ziel und irgendwann kommt der Zeitpunkt und er greift gerne zu.

Nur keine Diät

Männer mögen nichts, was sich nach Diät und Einschränkung anhört. Damit trotzdem mehr Gesundes auf dem Teller landet, jubeln Sie ihm einfach, nach Trennkost-Art, zum Steak einen knackfrischen Salat unter oder bauen Sie versteckt bunte Gemüsestückchen in Gerichte mit ein. Wenn Sie ihn so an eine vollwertige Ernährung gewöhnen, ist er weniger gefährdet, an Imbissbuden Dauergast zu werden.

Heidelbeer-Schichtspeise

N

Für 2 Portionen

► gut vorzubereiten

15 Min.

200 g Heidelbeeren (frisch oder tiefgekühlt)
einige Tropfen Stevia flüssig oder 2 EL Ahornsirup
300 g Joghurt
1 TL Zimtpulver

Frische Heidelbeeren verlesen und waschen oder Tiefkühl-Heidelbeeren auftauen lassen. Einige Früchte für die Garnitur beiseitelegen, den Rest vorsichtig mit einer Gabel zu Mus zerdrücken. Heidelbeermus mit Stevia bzw. Ahornsirup süßen und mit der Hälfte des Joghurts verrühren. Restlichen Joghurt mit Zimt verrühren und ebenfalls süßen. In 2 hohen Dessertgläsern abwechselnd Zimtjoghurt und Heidelbeerjoghurt einschichten. Mit den restlichen Heidelbeeren garnieren.

Desserts & Getränke

Beerengrütze

E

Für 2 Portionen ► gut vorzubereiten
15 Min.

250 g gemischte tiefgefrorene Beeren, z. B. Himbeeren, Brombeeren, Erdbeeren
10 Tropfen Stevia oder 1 EL Honig
1 kleine Zimtstange
3 Nelken
1 unbehandelte Zitrone
2–3 Messlöffel Bindobin

Zitrone waschen und ein Stück Schale abschneiden. Beeren in einen Topf geben und mit Wasser bedecken. Stevia bzw. Honig, Zimtstange, Nelken und Zitronenabrieb dazugeben und einmal kurz aufkochen lassen. Bindemittel einrühren und alles ohne Deckel 2–3 Min. leise kochen lassen. Von der Kochstelle nehmen, Zimtstange, Nelken und Zitronenschale entfernen. Die Beerengrütze abkühlen lassen und kalt servieren.

TIPP Bindobin ist ein pflanzliches Bindemittel. Sie erhalten solche Produkte im Reformhaus. Ein Messlöffel ist der Packung beigelegt Die Menge entspricht in etwa einem Teelöffel.

Himbeerquark

E

Für 2 Portionen ► geht schnell
5 Min.

200 g Himbeeren (tiefgekühlt)
250 g Quark (20 % Fett i. Tr.)
1 EL Zitronensaft
10 Tropfen Stevia oder 1 EL flüssiger Honig

Himbeeren leicht antauen lassen. Einige Beeren beiseitelegen, die übrigen mit einer Gabel grob zerdrücken. Quark mit Zitronensaft und Stevia bzw. Honig cremig verrühren. Die zerdrückten Himbeeren unterrühren und in Dessertschälchen geben. Mit den restlichen Himbeeren garnieren.

Joghurt-Orangen-Speise

E

Für 2 Portionen ► gelingt leicht
15 Min.

2 große Orangen
1 EL flüssiger Honig
200 g Joghurt
2 TL Zimtpulver

Orangen schälen und in kleine Stücke schneiden, in eine Schüssel geben, mit der Hälfte des Honigs beträufeln und 10 Min. Saft ziehen lassen. Joghurt mit dem restlichen Honig süßen. Orangenstücke zusammen mit dem gesüßten Joghurt servieren und mit Zimt bestreuen.

Dattel-Nuss-Dessert

KH

Für 2 Portionen ► geht schnell
10 Min.

12 Datteln
4 Walnüsse
250 g Joghurt
4 EL geschlagene Sahne

Datteln entkernen und in kleine Stücke schneiden. Walnüsse grob hacken. Joghurt mit Sahne mischen und die Datteln unterrühren. Mit Walnüssen bestreut servieren.

TIPP Die Dattel ist äußerst reich an Kalzium, Kalium, Magnesium, Eisen und Zink sowie an seltenen B-Vitaminen und Omega-3-Fettsäuren. Ihr wird eine leicht blutdrucksenkende und gleichzeitig nervenberuhigende Wirkung nachgesagt. Ein idealer Snack, um neue Energie zu tanken!

Exotischer Fruchtsalat mit Rum

E

Für 2 Portionen ► exotische Zutaten
10 Min.

400 g exotische Früchte (tiefgekühlt)
75 ml Sahne
1 EL Rum

Obst auftauen und eventuell etwas kleiner schneiden. Sahne steif schlagen. Rum vorsichtig unterheben. Früchte in zwei Dessertschalen geben und mit der Sahne garnieren. Leicht gekühlt servieren.

TIPP Anstelle von tiefgekühlten eignen sich auch frische Früchte sehr gut, wie z. B. Kiwis, Mangos, Litschis, Ananas, Mandarinen oder Orangen.

Erdbeer-Kefir-Speise

E

Für 2 Portionen ► braucht etwas mehr Zeit
15 Min. + 2–3 Std. Kühlzeit

3 Blatt weiße Gelatine
150 g Erdbeeren
300 g Kefir
1 Msp. Stevia oder 2 EL Honig

Gelatine in kaltem Wasser 5 Min. einweichen. Erdbeeren waschen und vom Grün befreien. Zwei Beeren für die Garnitur beiseitelegen, die übrigen mit dem Mixstab fein pürieren. Erdbeerpüree mit Kefir und Stevia bzw. Honig vermischen. Gelatine ausdrücken, in einem kleinen Topf erhitzen, dann tropfenweise unter die Kefirmasse rühren. In Dessertgläser füllen und für 2–3 Std. kalt stellen. Unmittelbar vor dem Verzehr mit frischen Erdbeeren garnieren.

TIPP Erdbeeren schmecken nicht nur gut, sondern sind auch ideale Schlankmacher. Ihr hoher Anteil an Kalium wirkt harntreibend und stoffwechselanregend.

Himbeer-Soja-Shake

E

Für 2 Portionen ► geht schnell
5 Min.

150 g Himbeeren (tiefgekühlt)
10 Tropfen Stevia oder 2 TL Honig
300 ml Sojadrink
4 Minzeblättchen

➤ Himbeeren unaufgetaut in ein hohes Gefäß geben. Zusammen mit Stevia bzw. Honig und Sojadrink pürieren. ➤ Den Shake in zwei Gläser geben und mit Minzeblättchen garnieren.

TIPP Soja und Tofu sind cholesterinfrei, reich an Mineralstoffen (Kalzium, Kalium, Selen, Eisen), an Folsäure sowie an sekundären Pflanzenstoffen (wie Carotinen und Flavonen). Sie können, da sie alkalisierend wirken, einen gestörten Säure-Basen-Haushalt ausgleichen. Tofu, Soja und Sojadrink zählten bisher zur Eiweißgruppe, nach neuesten Erkenntnissen werden sie jedoch neutral bewertet.

Bananen-Ingwer-Cocktail

KH

Für 2 Portionen ► geht schnell
10 Min.

1 kleiner mürber Apfel
1 Banane
1 Stück Ingwer
einige Tropfen Stevia flüssig oder 2 TL Honig
300 ml Kefir
1 TL Zimtpulver

➤ Apfel waschen, vierteln, entkernen und in Stücke schneiden. Banane schälen und würfeln. Ingwer schälen und grob würfeln. ➤ Apfel, Banane, Ingwer und Stevia bzw. Honig zusammen mit Kefir pürieren. Anschließend in Gläser füllen und mit Zimt bestäuben.

TIPP Stevia (Süßkraut) ist eine Pflanze aus Südamerika mit einer enormen Süßkraft, nämlich 300-mal süßer als raffinierter Zucker. Die Extrakte der Pflanze sind kalorien- und kohlenhydratfrei und ohne toxische Nebenwirkungen. Stevia gibt es flüssig oder als Pulver. Erhältlich ist es im gut sortierten Supermarkt, im Reformhaus, Bioladen oder im Internet. Gutes Stevia ohne Beigeschmack gibt es z. B. bei Medherbs.de

Quarkcreme mit Sternen

E

Für 2 Portionen ► gelingt leicht
10 Min.

2 reife Karambolen (Sternfrüchte)
100 g Quark
150 g Joghurt
2 EL Ahornsirup
2 EL Limettensaft

➤ Karambolen waschen. Zwei schöne Scheiben aus der Mitte schneiden, den Rest in kleine Würfel schneiden. ➤ Quark zusammen mit Joghurt, Ahornsirup und Limettensaft cremig verrühren. Die Fruchtstückchen unterrühren, in zwei Dessertschalen geben und mit den sternförmigen Scheiben garniert servieren.

TIPP Karambolen sind gelbe bis bernsteinfarbene Früchte mit einem sehr saftigen, aromatisch-säuerlichen Fruchtfleisch. Sie enthalten viel Vitamin C. Man isst sie komplett mit Haut und Kernen.

Gebratene Apfelspalten mit Hüttenkäse

E

Für 2 Portionen ► gelingt leicht
10 Min.

1 großer knackiger Apfel
2 TL Butter
1 TL Zimtpulver
200 g Hüttenkäse

➤ Apfel waschen, schälen, vierteln, entkernen und in schmale Spalten schneiden. ➤ Butter in einer Pfanne schmelzen lassen und Apfelspalten darin braten. ➤ Mit Zimt bestäuben. ➤ Die Apfelspalten zusammen mit dem Hüttenkäse servieren.

TIPP Hüttenkäse, auch körniger Frischkäse genannt, eignet sich ideal als kleine Nascherei am Arbeitsplatz, denn er lässt sich problemlos mitnehmen. Essen Sie dazu einen abgelagerten Apfel, der seine Fruchtsäure etwas verloren hat. Zusätzlich eine Scheibe Vollkornbrot macht daraus eine Kohlenhydratmahlzeit.

Quarkcreme mit Sternen

Gebratene Bananen mit Sojacreme

KH

Für 2 Portionen ► gelingt leicht
10 Min.

1 EL gehackte Mandeln
1 TL Butter
2 Bananen
2 EL Sojacreme
2 TL flüssiger Honig

Mandeln in einer beschichteten Pfanne ohne Fett kurz rösten, dann herausnehmen und beiseitestellen. Butter in der Pfanne schmelzen lassen, die geschälten Bananen hineinlegen und von beiden Seiten hellbraun braten. Bananen zusammen mit der Sojacreme auf Dessertteller geben, mit Honig beträufeln und mit den gehackten Mandeln bestreut servieren.

TIPP Bananen machen gute Laune! Bananen helfen zudem, Blutfette zu normalisieren, und schützen infolge ihres hohen Kalium- und Magnesiumgehalts Herz und Gefäße. Also: Öfter mal ein leckeres Bananendessert!

Bananenreis mit Nüssen und Rosinen

KH

Für 2 Portionen ► geht schnell
10 Min.

1 Banane
1 Tasse gekochter Reis
125 g griechischer Joghurt
2 EL Rosinen
1 EL gehackte Haselnüsse
1 Msp. Stevia oder 2 EL Ahornsirup
1 Msp. Kardamom
1 TL Zimtpulver

Banane schälen und in Scheiben schneiden. Reis mit Joghurt mischen. Bananenscheiben, Rosinen und Nüsse unterrühren und alles mit Stevia bzw. Ahornsirup und Kardamom würzen. Mit Zimt bestreut servieren.

TIPP Sparen Sie Zeit und kochen Sie Reis in doppelter Menge. Verwenden Sie einen Teil für ein Hauptgericht, den Rest für eine Suppe oder ein Dessert. Reis lässt sich auch sehr gut einfrieren.

Erdbeereis

E

Für 2 Portionen ► geht schnell
5 Min.

300 g Erdbeeren (tiefgekühlt)
10 Tropfen Stevia oder 1 EL Honig
4 EL geschlagene Sahne

Die gefrosteten Erdbeeren leicht antauen lassen und in einen Mixer geben. Stevia oder Honig und Sahne dazugeben und bei höchster Stufe 1–2 Min. pürieren. Das Fruchteis in Dessertschalen geben, sofort servieren.

TIPP Sie können die gefrorenen Erdbeeren auch gut mit frischer Milch, Kefir, Trinksauermilch oder Sojadrink pürieren. Leicht gesüßt mit Stevia oder Honig schmecken diese Shakes unvergleichlich erfrischend.

Joghurt-Bananen-Sorbet

KH

Für 2 Portionen ► braucht etwas mehr Zeit
15 Min. + 2 Std. Gefrierzeit

2 reife Bananen
1 EL flüssiger Honig
125 g griechischer Joghurt
2 TL dunkle Schokoraspel

Bananen schälen, in einen Gefrierbeutel geben und für etwa 2 Std. frosten. Anschließend in grobe Stücke brechen und zusammen mit Honig und Joghurt mit dem Mixstab pürieren. Bananensorbet in Dessertgläser füllen, mit Schokoraspeln garnieren und sofort servieren.

TIPP Bevor Bananen braun werden und endgültig verderben, sollten Sie diese rechtzeitig einfrieren. Ein Bananengetränk aus gefrorenen, leicht angetauten Bananen, püriert mit Sojamilch, schmeckt köstlich.

Apfel-Möhren-Smoothie

E

Für 2 Portionen ► gelingt leicht
10 Min.

1 säuerlicher Apfel
1 große Möhre
2 EL Zitronensaft
200 ml Sojadrink
einige Tropfen Stevia oder 2 TL Honig

➤ Apfel nach Belieben schälen, Kerngehäuse entfernen und Fruchtfleisch in Stücke schneiden. Möhre schälen und grob würfeln. ➤ Apfel- und Möhrenstücke zusammen mit Zitronensaft, Sojadrink und Stevia bzw. Honig im Mixer oder mit dem Schneidstab kräftig pürieren. Smoothie in zwei Gläser füllen. Mit dicken Strohalmen servieren.

Eistee Minze-Zitrone

E

Für 2 Portionen ► gelingt leicht
10 Min. + 30 Min. Kühlzeit

1 kleines Bund Minze
10 Tropfen Stevia oder 2 TL Honig
6 Eiswürfel
1 Zitrone
2 halbe Zitronenscheiben

➤ Minzeblättchen mit ½ Liter kochendem Wasser übergießen und alles etwa 10 Min. ziehen lassen. Anschließend die Blättchen entfernen und den Tee gut auskühlen lassen. ➤ Tee mit Stevia bzw. Honig süßen und Eiswürfel zufügen. ➤ Zitrone auspressen und mit dem Tee mischen. Eistee in zwei hohe Gläser füllen und mit je einer halben Zitronenscheibe garnieren.

Spritzige Apfelweinbowle

E

Für 2 Portionen ► gelingt leicht
10 Min.

250 g Erdbeeren (frisch oder tiefgekühlt)
30 Tropfen Stevia oder 2 EL Honig
10 Eiswürfel
1 l Apfelwein
3/4 l Mineralwasser
einige Minzeblättchen

Erdbeeren waschen, putzen und zerkleinern, in ein Bowlengefäß geben, mit Stevia bzw. Honig süßen und kurze Zeit ziehen lassen. Dann die Eiswürfel zugeben und Apfelwein angießen. Die Bowle kühl stellen.

TIPP Peppen Sie die Bowle mit Waldmeister, auch Maikraut genannt, auf. Zwischen April und Juni ist Erntezeit. Schon ein paar kleine getrocknete Zweige geben Erfrischungsgetränken eine besondere Note.

Kalte Kirschsuppe

E

Für 2 Portionen ► gut vorzubereiten
15 Min. + 60 Min. Kühlzeit

400 g Schattenmorellen (tiefgekühlt)
1 Msp. Stevia oder 1 EL Honig
1 Zimtstange
2 Nelken
3–4 Messlöffel pflanzliches Bindemittel, z. B. Bindobin

Kirschen in einen Topf geben und mit Wasser bedecken. Stevia bzw. Honig, Zimtstange und Nelken dazugeben und einmal aufkochen lassen. Die Suppe von der Herdplatte nehmen, Zimtstange und Nelken entfernen. Bindemittel einrühren und nochmals kurz aufkochen lassen. Die Kirschsuppe abkühlen lassen und kalt servieren.

TIPP Bindobin ist ein pflanzliches Bindemittel und wird aus Johannisbrotkernmehl hergestellt. Es ist erhältlich in Naturkostläden und im Reformhaus. Ein Messlöffel ist der Packung beigelegt. Die Menge entspricht in etwa einem Teelöffel.

Rezeptregister

O

P

Q

R

S

Sachverzeichnis

Liebe Leserin, lieber Leser,

hat Ihnen dieses Buch weitergeholfen? Für Anregungen, Kritik, aber auch für Lob sind wir offen. So können wir in Zukunft noch besser auf Ihre Wünsche eingehen. Schreiben Sie uns, denn Ihre Meinung zählt!
Ihr TRIAS Verlag

E-Mail-Leserservice
kundenservice@trias-verlag.de
Lektorat TRIAS Verlag
Postfach 30 05 04
70445 Stuttgart
Fax: 0711 89 31-748

Bibliografische Information der Deutschen Nationalbibliothek
Die Deutsche Nationalbibliothek verzeichnet diese Publikation in der Deutschen Nationalbibliografie; detaillierte bibliografische Daten sind im Internet über http://dnb.d-nb.de abrufbar.

Programmplanung: Uta Spieldiener
Redaktion: Isabel Lück, Bayreuth
Bildredaktion: Christoph Frick

Layout und Umschlaggestaltung: CYCLUS Visuelle Kommunikation, Stuttgart

Bildnachweis:
Umschlagfoto und alle Fotos im Innenteil:
Meike Bergmann, Berlin
Jose Guillen, Dénia/Spanien: S. 2 (außer rechts unten)
Foodstyling: Caroline Franke, Berlin

3. Auflage 2017

Printed in Germany

Satz und Repro: Fotosatz Buck, Kumhausen
gesetzt in: Adobe InDesign, CS6
Druck: AZ Druck und Datentechnik GmbH, Kempten

Gedruckt auf chlorfrei gebleichtem Papier

ISBN 978-3-432-10326-6 1 2 3 4 5 6

Auch erhältlich als E-Book:
eISBN (PDF) 978-3-432-10327-3
eISBN (ePub) 978-3-432-10328-0

Wichtiger Hinweis: Wie jede Wissenschaft ist die Medizin ständigen Entwicklungen unterworfen. Forschung und klinische Erfahrung erweitern unsere Erkenntnisse. Ganz besonders gilt das für die Behandlung und die medikamentöse Therapie. Bei allen in diesem Werk erwähnten Dosierungen oder Applikationen, bei Rezepten und Übungsanleitungen, bei Empfehlungen und Tipps dürfen Sie darauf vertrauen: Autoren, Herausgeber und Verlag haben große Sorgfalt darauf verwandt, dass diese Angaben dem Wissensstand bei Fertigstellung des Werkes entsprechen. Rezepte werden gekocht und ausprobiert. Übungen und Übungsreihen haben sich in der Praxis erfolgreich bewährt.

Eine Garantie kann jedoch nicht übernommen werden. Eine Haftung des Autors, des Verlags oder seiner Beauftragten für Personen-, Sach- oder Vermögensschäden ist ausgeschlossen.

Geschützte Warennamen (Warenzeichen®) werden nicht besonders kenntlich gemacht. Aus dem Fehlen eines solchen Hinweises kann also nicht geschlossen werden, dass es sich um einen freien Warennamen handelt.

Besuchen Sie uns auf facebook!
www.facebook.com/trias.tut.mir.gut

Lassen Sie sich inspirieren!
www.pinterest.com/triasverlag

… mehr Trennkost von Ursula Summ